Inhaltsverzeichnis

AF197706

1 Schreibe das ABC in großen und kleinen Buchstaben auswendig auf.

A,

a,

2 Schreibe die Nachbarbuchstaben auf.

	D				X				V				K	
	U				L				P				G	

3 ABC-Rätsel

Ich stehe zwischen **G** und **I**: _____

Ich stehe zwischen **Qu** und **S**: _____

Ich stehe zwischen **L** und **R** und bin ein Vokal: _____

Ich bin der 11. Buchstabe im ABC: _____

1 Setze die fehlenden Buchstaben ein.

◯ Ⓑ ◯ Ⓓ ◯ Ⓕ ◯ Ⓗ ◯ Ⓙ ◯ ◯ Ⓜ

◯ ◯ ◯ Ⓠⓤ ◯ Ⓢ ◯ ◯ Ⓥ Ⓦ ◯ Ⓨ ◯

2 Sprich das ABC. Markiere alle Konsonanten in Aufgabe 1 blau und schreibe sie auf.

> **Buchstaben für Konsonanten**
>
> ____ , ____ , ____ , ____ , ____ , ____ , ____ , ____ , ____ , ____ , ____ ,
>
> ____ , ____ , ____ , ____ , ____ , ____ , ____ , ____ , ____

3 Markiere alle Vokale in Aufgabe 1 orange und schreibe sie auf.

> **Buchstaben für Vokale**
>
> ____ , ____ , ____ , ____ , ____

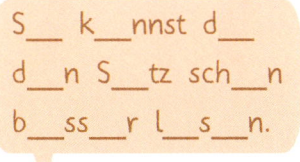

S__ k__nnst d__
d__n S__tz sch__n
b__ss__r l__s__n.

4 Nicht im ABC sind die Umlaute
Ä/ä, **Ö/ö**, **Ü/ü**. Setze ein:

der B__cker   fl__stern

die K__nigin   t__chtig

die Fl__te   s__gen

die __bung

korrigiert: ☆

3

1 Zeichne für jeden Laut einen Kreis.
Zeichne Silbenbögen.
Färbe die Lautkreise für Vokale orange.
Schreibe die Buchstaben.

In jeder Silbe ist ein Vokal.

○ ● ○ ● ○

K ä f e r

2 Schreibe die Wörter zu den Bildern in Sprechsilben getrennt auf.
Markiere die Vokale orange.

Ja-gu-ar,

Wenn ich in Silben spreche, höre ich die Laute deutlicher.

Manche Laute werden mit zwei oder drei Buchstaben geschrieben.

3 Arbeite wie in Aufgabe 1.

K i r sch e

4 Arbeite wie in Aufgabe 2.

Di-no-sau-ri-er,

korrigiert:

5

A
B
C
D
E
F
G
H
I
J
K
L
M
N
O
P
Q
R
S
T
U
V
W
X
Y
Z

Habe ich das Wort
richtig geschrieben?
Ich schlage lieber nach.

1 Kreuze an: Wo befindet sich der Buchstabe im ABC?

	vorne	in der Mitte	hinten
W/w	☐	☐	☐
D/d	☐	☐	☐
M/m	☐	☐	☐
F/f	☐	☐	☐
K/k	☐	☐	☐
U/u	☐	☐	☐

An dieser Stelle
öffne ich beim
Suchen auch das
Wörterbuch.

2 In welcher Reihenfolge stehen diese Wörter im Wörterbuch?
Nummeriere von 1 bis 4.

Achte auf den 1. Buchstaben:	Achte auf den 2. Buchstaben:	Achte auf den 3. Buchstaben:
☐ Tag	☐ Nelke	☐ Unwetter
☐ Handy	☐ nach	☐ unten
☐ piepsen	☐ Nuss	☐ Unsinn
1 Busch	☐ nicken	☐ und

3 Suche die Wörter zu den Bildern in deinem Wörterbuch.
Schreibe sie ab und notiere die Seitenzahl.

 Seite: ☐

 Seite: ☐

_____   _____

 Seite: ☐

 Seite: ☐

 Seite: ☐

_____   _____   _____

 4 Schreibe auf, welche Anfangsbuchstaben möglich sein
könnten. Schlage nach und schreibe das Wort.

 W V ☐ ☐   ☐ ☐

_____   _____   _____

 5 Kontrolliere diese Wörter mit Hilfe deines Wörterbuchs.
Verbessere Fehler.

Gep**ä**~~e~~ck   Fahrad   Zornig   Brunnen

Dakkel   stolz   kwalmen   Tolette

plahnen   höchstens   Prinzzessin

korrigiert:

A B C D E F G H I J K L M N O P Q R S T U V W X Y Z

Wortfamilie mal

In einer Wortfamilie ist immer ein Baustein gleich oder sehr ähnlich.

malen   malst   ausmalen   Maler   gemalt

Dieser Baustein heißt Wortstamm.

1 Kennzeichne den Wortstamm in diesen Wörtern. Benutze dieses Zeichen: ⌣

spitzen	anspitzen	der Spitzer	spitz
die Spitze	spitzeln	zuspitzen	gespitzt

Diese Wortfamilie heißt _____.

2 Finde selbst Wörter zur Wortfamilie sonn.

Finde Nomen, Verben, Adjektive ...

Wortfamilie sonn

3 Kennzeichne die Wortstämme mit ⌣.
Kreise Wörter einer Wortfamilie mit der gleichen Farbe ein.

der An<u>ruf</u>	zuhören	der Blick	der Hörer	das Hörgerät
überblicken	rufst	anrufen	der Anblick	gerufen
umblicken	hörbar	der Beruf	die Blicke	gehört

 4 Wie heißen die Wortfamilien aus Aufgabe 3?
Schreibe sie geordnet auf.

```
    ruf
    ⌣_____
```
der Anruf

 5 Ein Wort passt nicht zur Wortfamilie.
Streiche es durch und schreibe
den Namen der Wortfamilie auf.

Wie dir Wortfamilien beim Richtigschreiben helfen, erfährst du auf den Seiten 20/21 und 40–43.

fühlen
das Gefühl
gefühlvoll
füllen

die Not
notwendig
notieren
der Notruf

korrigiert:

⌐auf˳ bau˳ en⌐   die ⌐Zeit˳ ung⌐   du ⌐tanz˳ t⌐

der ⌐Blei˳ stift⌐   ⌐un˳ ˳an˳ ˳ge˳ nehm⌐   der ⌐Ein˳ brech˳ er⌐

Die Bausteine heißen Wortstamm, Vorsilbe und Endung.

① Welches Zeichen passt?
Trage ein: ⌐⌐, ˳⌐, ⌐˳

Vorsilbe [ ]   Wortstamm [ ]   Endung [ ]

② Markiere die Wortbausteine mit den passenden Zeichen.

die Freiheit	anstellen	er kommt	der Besuch
der Unfall	freundlich	der Flug	geben
krank	brummig	das Blaulicht	die Hitze

③ Ordne die Wörter aus Aufgabe 2 nach ihrem Bauplan.

⌐⌐ _____   _____

⌐˳⌐ _____   _____

⌐⌐˳⌐ _____   _____

_____   _____

_____   _____

⌐˳⌐⌐˳⌐ _____

⌐⌐⌐⌐ _____

4 Schreibe eigene Wörter zu den Bauplänen.

⌐_⌐ _____

⌐•⌐_⌐ _____

⌐__⌐•⌐ _____

⌐•___⌐•⌐ _____

_____

5 Markiere die Wortbausteine.

rühren	die Rührung	berühren	sie rührt
der Rührer	gerührt	der Rührstab	verrühren

Diese Wortfamilie heißt _____ .

Diese Wortfamilie hat eine Aufpass-Stelle: _____ .

6 Bilde mit den Vorsilben neue sinnvolle Wörter.

⌐um⌐ ⌐ein⌐ ⌐be⌐ ⌐ver⌐ ⌐vor⌐ ⌐hin⌐ ⌐ab⌐

ziehen   singen   schreiben

> Wie dir Wortbausteine noch beim Richtigschreiben helfen, erfährst du auf den Seiten 28, 45, 49 und 58.

umziehen _____ _____ _____

_____ _____ _____

_____ _____ _____

_____ _____ _____

korrigiert: ☆

1 Sprich die Wörter deutlich. Achte auf den betonten Vokal.
Kennzeichne kurz gesprochene Vokale mit ●
und lang gesprochene mit ▬.

Wie dir lang und kurz gesprochene Vokale
beim Richtigschreiben helfen, erfährst du
auf den Seiten 14, 32 und 36.

1 Zeichne die Silbenbögen ein.
Kennzeichne in der ersten Silbe den Vokal.

Besen

Löwe

Zirkus

Spiegel

Kerze

Kamel

Kanne

Muskel

2 Ordne die Wörter aus Aufgabe 1.
Schreibe in Silben getrennt.

die 1. Silbe endet
mit einem Vokal

die 1. Silbe endet mit
einem Konsonanten

Be-sen

_____   _____

_____   _____

_____   _____

_____   _____

Offene Silben
enden mit einem
Vokal: Blu-me

Geschlossene Silben
enden mit einem
Konsonanten: Gur-ke.

Wie dir offene und geschlossene
Silben beim Richtigschreiben helfen,
erfährst du auf Seite 15 und 34.

korrigiert:

1 Sprich die Wörter deutlich.
Kennzeichne einen kurz
gesprochenen i-Laut mit ●
und einen lang gesprochenen mit ▬.
Schreibe die Wörter.

Denke daran:
Ein langer i-Laut
wird meist als **ie**
geschrieben.

Brief

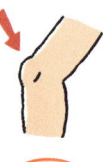

2 Schreibe die ie-Reimwörter.

liegen   sie   tief   Stiel

kr_____   d_____   sch_____   v_____

fl_____   n_____   er r_____   Z_____

s_____   w_____   ich l_____   Sp_____

b_____   Gen_____   sie schl_____   K_____

w_____   Mag_____   M_____   er f_____

3 Sprich jedes Wort in Silben. Zeichne Silbenbögen ein.

Wiege 	Birne	binden	Biene	schwierig	sieben
Pinsel	Kiste	Firma	gießen	wichtig	Wiese

4 Schreibe die Wörter geordnet auf.

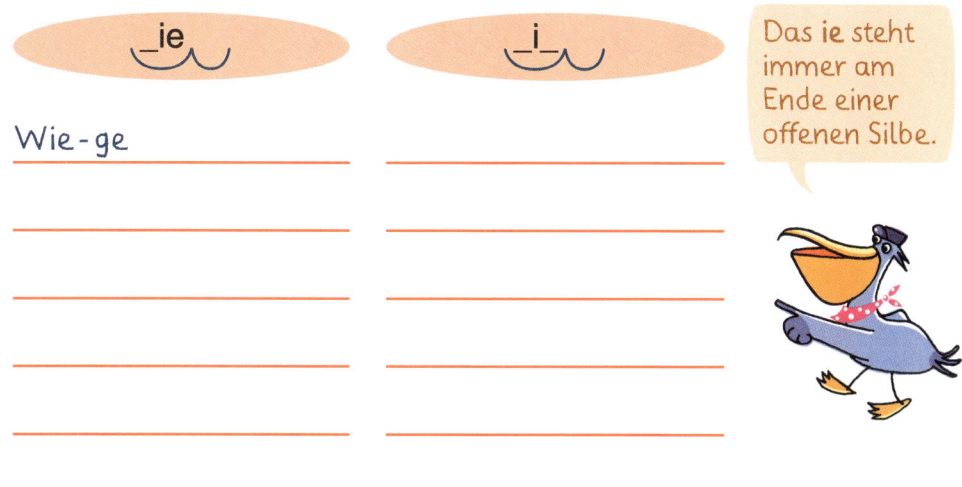

_ie⌣   i⌣

Wie-ge _____   _____

Das ie steht immer am Ende einer offenen Silbe.

_____   _____

_____   _____

_____   _____

_____   _____

5 Bilde zum Verb jeweils eine zweisilbige Form.

Max friert. – frieren    Mia spielt. – _____

Du schiebst. – _____   Er fliegt. – _____

Sie wiegt. – _____   Ben zielt. – _____

korrigiert:

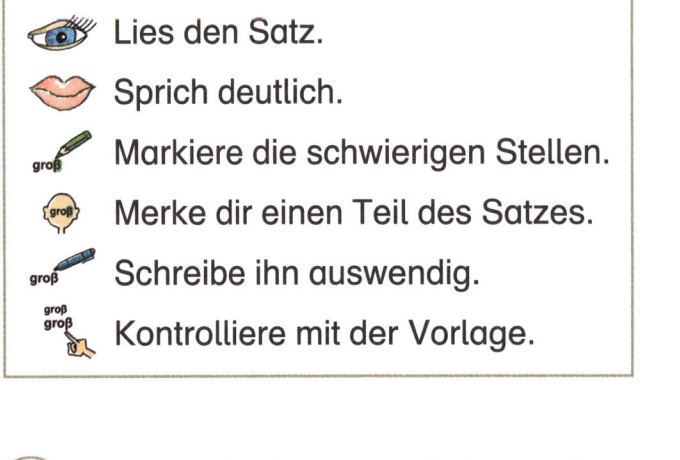

- Lies den Satz.
- Sprich deutlich.
- Markiere die schwierigen Stellen.
- Merke dir einen Teil des Satzes.
- Schreibe ihn auswendig.
- Kontrolliere mit der Vorlage.

Meine Tipps!
So schreibe
ich richtig ab.

1 Schreibe die Sätze von Seite 64 ab.

_____

_____

_____

_____

2 Finde bei diesen Sätzen die Fehler.
Vergleiche und verbessere mit Seite 64.

Leonie maht eine Role auf der matte.

im Winta bauen wir zusamen einen Schnemann.

Ich bauche einen neuen Radirgummi und Spizter.

Mein Lieblingsportart ist wasserball.

16

Der Hund

Viele Menschn in Deutschland haben
einen Hund als Haustier. auch ich habe
einen Hund. Sein Name ist Wuschel.
Um einen hund muss man sich gu kümmern.
Er braucht täglich Futter und wasser.
Mehrmals am Tag muss man mit ihm spatzieren
gehen. damit ihm nicht langwielig wird, spiele ich auch
mit meinem Hund und überlege mir aufgaben für ihn.

1 Überprüfe die Satzanfänge. Sind alle groß geschrieben?
Kreise Fehler grün ein.

2 Überprüfe die Nomen. Sind alle groß geschrieben?
Kreise Fehler blau ein. Schreibe die Nomen richtig:

_____

3 Sprich die Wörter deutlich. Fehlen Buchstaben?
Wurden Buchstaben vertauscht? Kreise Fehler rot ein.
Schreibe die Wörter richtig:

So überprüfe
ich auch meine
eigenen Texte.

_____

_____

4 Schlage das Wort „spatzieren" im Wörterbuch nach.

Kreise den Fehler gelb ein.
Schreibe es hier richtig auf: _____

korrigiert:

17

1 Hier stehen wichtige Fachbegriffe.
Verbinde jeweils mit der passenden Erklärung.

Vokale	z.B. Ver, be, ge, Un,
Konsonanten	der, die, das, ein, eine
offene Silben	A/a E/e I/i O/o U/u
geschlossene Silben	enden mit einem Vokal, z.B. ma sto
Wortstamm	z.B. B/b H/h M/m R/r W/w
Vorsilbe	z.B. Junge, Katze, Tisch, Gras
Endung	z.B. schwimm geh jahr
Nomen	z.B. die Maus – die Mäuse
Artikel	z.B. gehen, ich gehe, du gehst
Einzahl – Mehrzahl	enden mit einem Konsonanten, z.B. man stor
Verben	z.B. lich e in heit st
Adjektive	z.B. kalt, süß, lustig

korrigiert:

Ich höre kein h.

Aber ich kann es hörbar machen ...

1 Schreibe die verlängerte Form in Silben gegliedert. Schreibe das Wort. Markiere **h** farbig.

Hier hilft mir die Mehrzahl.

die Re-he   das Reh

_____   _____

_____   _____

Hier helfen mir die Grundformen und die Vergleichsformen.

_____   _____

_____   _____

_____   _____

2 Schreibe die verlängerte Form in Silben gegliedert. Ergänze die Lücke. Markiere **h** farbig.

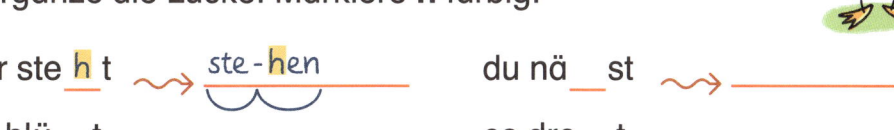

er ste h t   ste-hen ____   du nä__ st   _____

e blü__ t   _____   es dre__ t   _____

sie zie__ t   _____   du sie__ st   _____

er ru__ t   _____

fro h   fro-her ____   zä__   _____

frü h   _____   na__   _____

korrigiert:

19

Schreibe ich **Bletter** oder **Blätter**?

Der Wortverwandte mit **a** hilft.

1 Male die Wortverwandten mit der gleichen Farbe an.

(Blatt) (Zähne) (erklären) (nächste) (Land)

(Bank) (Äpfel) (Apfel) (Blätter) (Naht)

(nähen) (Länder) (nach) (klar) (Bänke) (Zahn)

2 Schreibe die Wortpaare aus Aufgabe 1 auf. Markiere **a** und **ä**.

Bl**a**tt _____ Bl**ä**tter _____   _____ _____

_____ _____   _____ _____

_____ _____   _____ _____

_____ _____   _____ _____

3 Schreibe den Verwandten mit **a**. Ergänze das **ä**.
Markiere **a** und **ä**.

er f **ä** hrt f**a**hren _____   du bl __ st _____

sie h __ lt _____   er f __ llt _____

es gr __ bt _____   sie f __ ngt _____

du tr __ gst _____   er w __ scht _____

Schreibe ich **Meuse** oder **Mäuse**?

Der Wortverwandte mit **au** hilft.

1 Verbinde die Wortverwandten.

Maus	träumen		laufen	Kräuter
Traum	Räume		Kraut	Läufer
Raum	Mäuse		rauben	Räuber

2 Schreibe die Wortpaare aus Aufgabe 1 auf.
Markiere **au** und **äu**.

M**au**s   M**äu**se   _____ _____

_____ _____   _____ _____

_____ _____   _____ _____

3 Entscheide: Äu/äu oder Eu/eu.
Schreibe Wortverwandte mit **au** auf.

B **äu** me   Baum_____   sch___men _____

F___er   _____   ___glein _____

Verk___fer _____   einz___nen _____

___len _____   h___len _____

korrigiert: ☆

1 Schreibe die Wörter mit verschiedenen Farben nach.

ab bis dann hin ins nicht nie ob
sehr wann wenig wieder zuletzt

 2 Schreibe die Wörter aus Aufgabe 1 geordnet auf.

Wörter mit zwei Buchstaben: ab _____

Wörter mit drei Buchstaben: _____ _____ _____ _____

Wörter mit vier Buchstaben: _____ _____ _____

Wörter mit fünf Buchstaben: _____ _____

Wörter mit mehr Buchstaben: _____ _____

 3 Zeichne nach jedem häufigen
Wort einen Strich ein.

sehr/bisniedannzuletztwenignichtabobwannhinwiederins

 4 Markiere schwierige Stellen farbig.

nie	ab	wieder	sehr
zuletzt	dann	hin	wenig
ob	nicht	wann	bis	ins

Diese häufigen
Wörter merke
ich mir gut.

5 Füge in jeden Satz ein passendes Wort aus Aufgabe 1 ein.

Ben und Merve gehen _ _ _ Kino.

Der Schaffner fragt, _ _ alle eine Fahrkarte haben.

Ich war noch _ _ _ in Afrika.

_ _ _ _ beginnt das Fußballtraining?

Die Bücherei hat _ _ dem 4. Mai _ _ _ zum 10. Mai geschlossen.

Und _ _ _ _ _ _ _ würzt man alles mit Salz und Pfeffer.

Der Bus bringt uns zum Schwimmbad _ _ _ .

Mira freut sich _ _ _ _ über ihre Geschenke.

Geht es dir heute _ _ _ _ _ _ gut?

6 Schreibe eigene Sätze mit Wörtern aus Aufgabe 1.

korrigiert: ☆

23

1 Sortiere die Wörter. Schreibe sie
in das passende Bild. Markiere alle V/v farbig.

Vitamin	bravo	von	Vanille	Villa	Vokal
vielleicht	davor	Advent	voll	Lava	brav
Vulkan	Viertel	Verb	vom	viel	Vogel

V/v klingt wie **f**

vielleicht, _____

_____

_____

_____

V/v klingt wie **w**

Vitamin, _____

_____

_____

_____

2 Bilde sinnvolle Verben mit den Vorsilben ver und vor.
Markiere die Vorsilben ⌐.

~~lesen~~   biegen   brennen   ziehen   nehmen   rühren

schieben   führen   schließen   fahren   drehen

vorlesen, verlesen, _____

_____

_____

_____

3 Schreibe die Nomen mit Ver und Vor auf.
Markiere die Vorsilben mit ⌐.

Vor		**Ver**	
	~~-fahrt~~		-kehr
	-hang		-käufer
	-bild		-letzung
	-name		-losung
	-teil		-rat
	-stellung		-trag
	-sicht		-sehen

> Die Vorsilben
> Ver/ver und
> Vor/vor
> schreibe ich
> immer mit
> V/v.

Vorfahrt, _____

_____

_____

_____

korrigiert: ☆

Nomen haben **bestimmte** und **unbestimmte** Artikel.

das
ein
die
eine
der

1 Schreibe jeweils den bestimmten und unbestimmten Artikel auf.

die
eine   Kastanie

_____   Block

_____   Herz

_____   Album

_____   Beet

_____   Qualle

_____   Bäcker

_____   Lilie

_____   Maschine

2 Ergänze.

Nomen gibt es in **Einzahl** und **Mehrzahl**.

Einzahl	Mehrzahl
das Buch	_____
_____	die Bänke
der Clown	_____
_____	die Hütten
das Heft	_____
der Raum	_____

Hüte   Fische

Hut   Fisch

26

3 Ordne die Nomen zu und ergänze jeweils ein eigenes Nomen.

Giraffe

Fichte

Laterne

Opa

Geld

Wal

Koch

Nelke

Menschen: _____ _____ _____

Tiere: _____ _____ _____

Pflanzen: _____ _____ _____

Dinge: _____ _____ _____

4 Setze in jedem Satz
das passende Nomen ein.

Namen für Gefühle, Ereignisse,
Eigenschaften, Gedanken ...
heißen **abstrakte Nomen.**

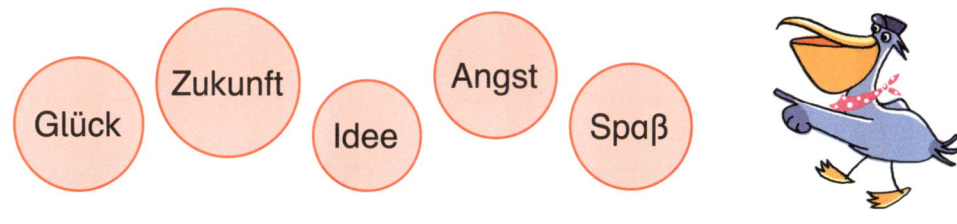

Glück

Zukunft

Idee

Angst

Spaß

Wenn es gewittert, habe ich _____ .

Heute habe ich beim Spielen _____ .

Mit meinen Freunden habe ich immer viel _____ .

Das ist eine super _____ !

Was wünscht du dir für die _____ ?

korrigiert:

⌐⌐⌐ (1) Hier haben sich 12 Nomen mit Endbausteinen versteckt. Kreise sie ein.

O	j	S	F	E	S	F	s	F	ö	g	Q	v	S	B
E	ö	Ö	r	i	r	r	l	r	E	i	n	s	c	o
c	q	R	ö	g	D	e	S	e	L	r	B	A	h	t
k	d	u	h	e	N	i	B	c	i	C	o	E	w	s
u	G	H	l	n	N	h	m	h	t	B	s	l	i	c
T	T	W	i	s	r	e	H	h	c	Ä	h	m	e	h
k	p	E	c	c	y	i	Z	e	R	F	e	p	r	a
j	e	t	h	h	H	t	X	i	Q	z	i	f	i	f
Z	S	g	k	a	w	J	E	t	V	V	t	u	g	t
Y	h	g	e	f	n	X	s	Ü	C	d	l	n	k	A
T	b	q	i	t	b	H	e	i	z	u	n	g	e	r
Z	a	s	t	N	b	u	g	w	ä	K	e	ö	i	F
S	a	m	m	l	u	n	g	s	r	C	Z	v	t	Q
y	V	G	e	m	ü	t	l	i	c	h	k	e	i	t
m	u	N	W	i	s	s	e	n	s	c	h	a	f	t

⌐⌐⌐ (2) Schreibe die Nomen mit Artikel geordnet auf.

ung _____

_____

heit _____

_____

keit _____

_____

schaft   die Eigenschaft, _____

_____

3 Verwandle diese Wörter in Nomen. Schreibe geordnet auf.

heiter   krank   ~~biegen~~   ehrlich   neu   dumm   Freund

erholen   ähnlich   Land   verschmutzen   Mann

biegen _____   die Biegung _____

_____ **ung** _____

_____

_____ **heit** _____

_____

_____ **keit** _____

_____

_____ **schaft** _____

_____

Mit den Endbausteinen
-ung, -heit, -keit, und -schaft,
kann ich Nomen bilden.

korrigiert: ☆

 + =

Schneemann ist ein zusammengesetztes Nomen.

der Schnee   der Mann   der Schneemann

1 Verbinde jeweils zwei Wörter zu einem zusammengesetzten Nomen. Schreibe mit Artikel auf.

der Tee	die Schmerzen	_____
die Kuh	der Stall	_____
das Blei	die Ferien	_____
der Hals	der Zaun	_____
der Regen	der Löffel	der Teelöffel
der Sommer	der Stift	_____
der Garten	der Schirm	_____
die Haselnuss	das Eis	_____

2 Kreuze richtig an.

Der Artikel eines zusammengesetzten Nomens wird durch …

☐ … das erste Wort bestimmt.

☐ … das zweite Wort bestimmt.

3 Trage bei diesen zusammengesetzten Nomen den fehlenden Buchstaben ein.

Manche zusammengesetzte Nomen brauchen ein **Fugen-s.**

der Advent__kranz   die Hochzeit__torte

die Sonntag__zeitung   das Frühstück__ei

die Frieden__pfeife   das Liebling__essen

das Geburt__tag__geschenk

4 In diesen zusammengesetzten Nomen steckt ein Verb.
Schreibe zusammengesetzt und getrennt auf.

das Lesebuch

lesen + das Buch

5 Finde zu jedem Adjektiv ein zusammengesetztes Nomen.

groß: die Großstadt   hoch: _____

bunt: _____   kühl: _____

klein: _____   faul: _____

korrigiert: ☆

1 Markiere in den Wörtern den betonten Vokal.

die Blume

die Sonne

das Kissen

der Pulli

der Schal

denken

lesen

schlafen   die Puppe   die Bälle   die Murmeln

2 Kennzeichne in Aufgabe 1 lang gesprochene Vokale oder Umlaute mit ▬, kurz gesprochene mit ●.

3 Schreibe die Wörter von Aufgabe 1 geordnet auf. Markiere Doppelkonsonanten farbig.

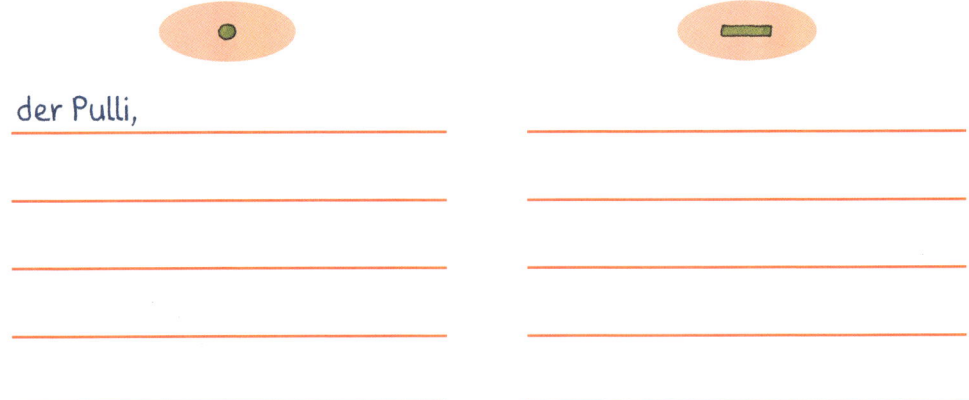

der Pulli,

Lösungen
Rechtschreib-Stars 3

Das ABC

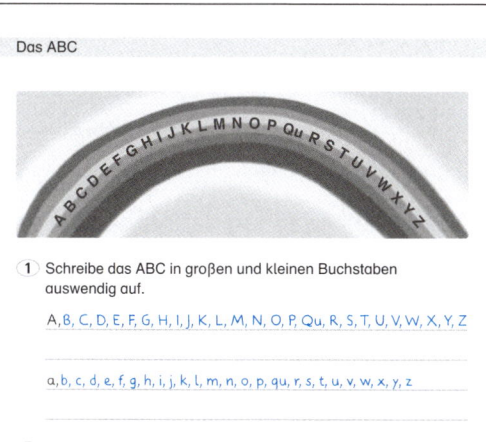

1 Schreibe das ABC in großen und kleinen Buchstaben auswendig auf.

A, B, C, D, E, F, G, H, I, J, K, L, M, N, O, P, Qu, R, S, T, U, V, W, X, Y, Z

a, b, c, d, e, f, g, h, i, j, k, l, m, n, o, p, qu, r, s, t, u, v, w, x, y, z

2 Schreibe die Nachbarbuchstaben auf.

| C | D | E | | W | X | Y | | U | V | W | | J | K | L |
| T | U | V | | K | L | M | | O | P | Qu | | F | G | H |

3 ABC-Rätsel

Ich stehe zwischen **G** und **I**: H

Ich stehe zwischen **Qu** und **S**: R

Ich stehe zwischen **L** und **R** und bin ein Vokal: O

Ich bin der 11. Buchstabe im ABC: K

2

Vokale, Konsonanten und Umlaute

1 Setze die fehlenden Buchstaben ein.

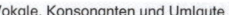

( ) B C D ( ) F G H ( ) J K L M
N ( ) P Qu R S T ( ) V W X Y Z

2 Sprich das ABC. Markiere alle Konsonanten in Aufgabe 1 **blau** und schreibe sie auf.

Buchstaben für Konsonanten
B, C, D, F, G, H, J, K, L, M, N, P, Qu, R, S, T, V, W, X, Y, Z

3 Markiere alle Vokale in Aufgabe 1 orange und schreibe sie auf.

Buchstaben für Vokale
A, E, I, O, U

So kannst du den Satz schon besser lesen

4 Nicht im ABC sind die Umlaute **Ä/ä**, **Ö/ö**, **Ü/ü**. Setze ein:

der B ä cker   fl ü stern

die K ö nigin   t ü chtig

die Fl ö te   s ä gen

die Ü bung

korrigiert: ☆

 Ich kenne die Vokale.

3

Wörter schreiben

1 Zeichne für jeden Laut einen Kreis. Zeichne Silbenbögen. Färbe die Lautkreise für Vokale orange. Schreibe die Buchstaben.

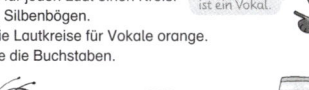
In jeder Silbe ist ein Vokal.

K ä f e r   G ü r t e l   K a l e n d e r

B a d e m a n t e l   R e g e n w u r m   K i n d e r w a g e n

2 Schreibe die Wörter zu den Bildern in Sprechsilben getrennt auf. Markiere die Vokale orange.

 *Wenn ich in Silben spreche, höre ich die Laute deutlicher.*

Ja-gu-ar, Ka-pi-tän, Trom-pe-te,

Last-wa-gen, Post-kar-te,

Fern-glas, Kän-gu-ru

4

Manche Laute werden mit zwei oder drei Buchstaben geschrieben.

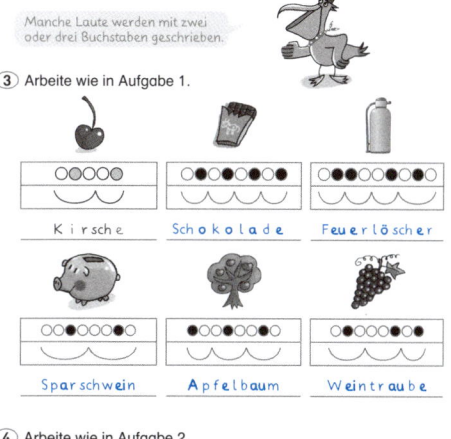

3 Arbeite wie in Aufgabe 1.

K i r s che   Scho ko la de   Feuer lö sch er

Spar schwein   A pfel baum   Wein tr au be

4 Arbeite wie in Aufgabe 2.

Di-no-sau-ri-er, Eich-hörn-chen, Schul-ran-zen, Re-gen-schirm,

Streich-holz, Bau-ern-hof, Eis-be-cher

korrigiert: ☆

 Ich kann die Laute und Buchstaben zuordnen.

5

A B C D E F G H I J K L M N O P Q R S T U V W X Y Z

Habe ich das Wort richtig geschrieben? Ich schlage lieber nach.

(1) Kreuze an: Wo befindet sich der Buchstabe im ABC?

	vorne	in der Mitte	hinten
W/w	☐	☐	☒
D/d	☒	☐	☐
M/m	☐	☒	☐
F/f	☒	☐	☐
K/k	☐	☒	☐
U/u	☐	☐	☒

An dieser Stelle öffne ich beim Suchen auch das Wörterbuch.

(2) In welcher Reihenfolge stehen diese Wörter im Wörterbuch? Nummeriere von 1 bis 4.

Achte auf den 1. Buchstaben:	Achte auf den 2. Buchstaben:	Achte auf den 3. Buchstaben:
4 Tag	2 Nelke	4 Unwetter
2 Handy	1 nach	3 unten
3 piepsen	4 Nuss	2 Unsinn
1 Busch	3 nicken	1 und

6

---

(3) Suche die Wörter zu den Bildern in deinem Wörterbuch. Schreibe sie ab und notiere die Seitenzahl.

Zug — Seite: ☐

Känguru — Seite: ☐

Zeige deine Lösung einem Erwachsenen.

Zebra — Seite: ☐

Kaktus — Seite: ☐

Zeppelin — Seite: ☐

A B C D E F G H I J K L M N O P Q R S T U V W X Y Z

(4) Schreibe auf, welche Anfangsbuchstaben möglich sein könnten. Schlage nach und schreibe das Wort.

W V	K C	Sch Sp
Vulkan	Computer	Spritze

(5) Kontrolliere diese Wörter mit Hilfe deines Wörterbuchs. Verbessere Fehler.

Gepeck (ä)   Fahrad (r)   Zornig (z)   Brunnen

Dakkel (c)   stolz   kwalmen (qu)   Tolette (i)

plannen   höchstens   Prinzzessin

korrigiert: ☆

7

Wortfamilie mal

In einer Wortfamilie ist immer ein Baustein gleich oder sehr ähnlich.

malen – malst – ausmalen – Maler – gemalt

Dieser Baustein heißt Wortstamm.

(1) Kennzeichne den Wortstamm in diesen Wörtern. Benutze dieses Zeichen: ⌣

spitzen   anspitzen   der Spitzer   spitz

die Spitze   spitzeln   zuspitzen   gespitzt

Diese Wortfamilie heißt __spitz__ .

(2) Finde selbst Wörter zur Wortfamilie sonn.

Finde Nomen, Verben, Adjektive ...

Zeige deine Wörter einem Erwachsenen.

Wortfamilie sonn

8

---

(3) Kennzeichne die Wortstämme mit ⌣. Kreise Wörter einer Wortfamilie mit der gleichen Farbe ein.

der Anruf	zuhören	der Blick	der Hörer	das Hörgerät
überblicken	rufst	anrufen	der Anblick	gerufen
umblicken	hörbar	der Beruf	die Blicke	gehört

(4) Wie heißen die Wortfamilien aus Aufgabe 3? Schreibe sie geordnet auf.

ruf	hör	blick
der Anruf	zuhören	der Blick
rufst	der Hörer	überblicken
anrufen	das Hörgerät	der Anblick
gerufen	hörbar	umblicken
der Beruf	gehört	die Blicke

(5) Ein Wort passt nicht zur Wortfamilie. Streiche es durch und schreibe den Namen der Wortfamilie auf.

Wie dir Wortfamilien beim Richtigschreiben helfen, erfährst du auf den Seiten 20/21 und 40–43.

fühlen das Gefühl gefühlvoll ~~füllen~~	die Not notwendig ~~notieren~~ der Notruf
fühl	not

korrigiert: ☆

9

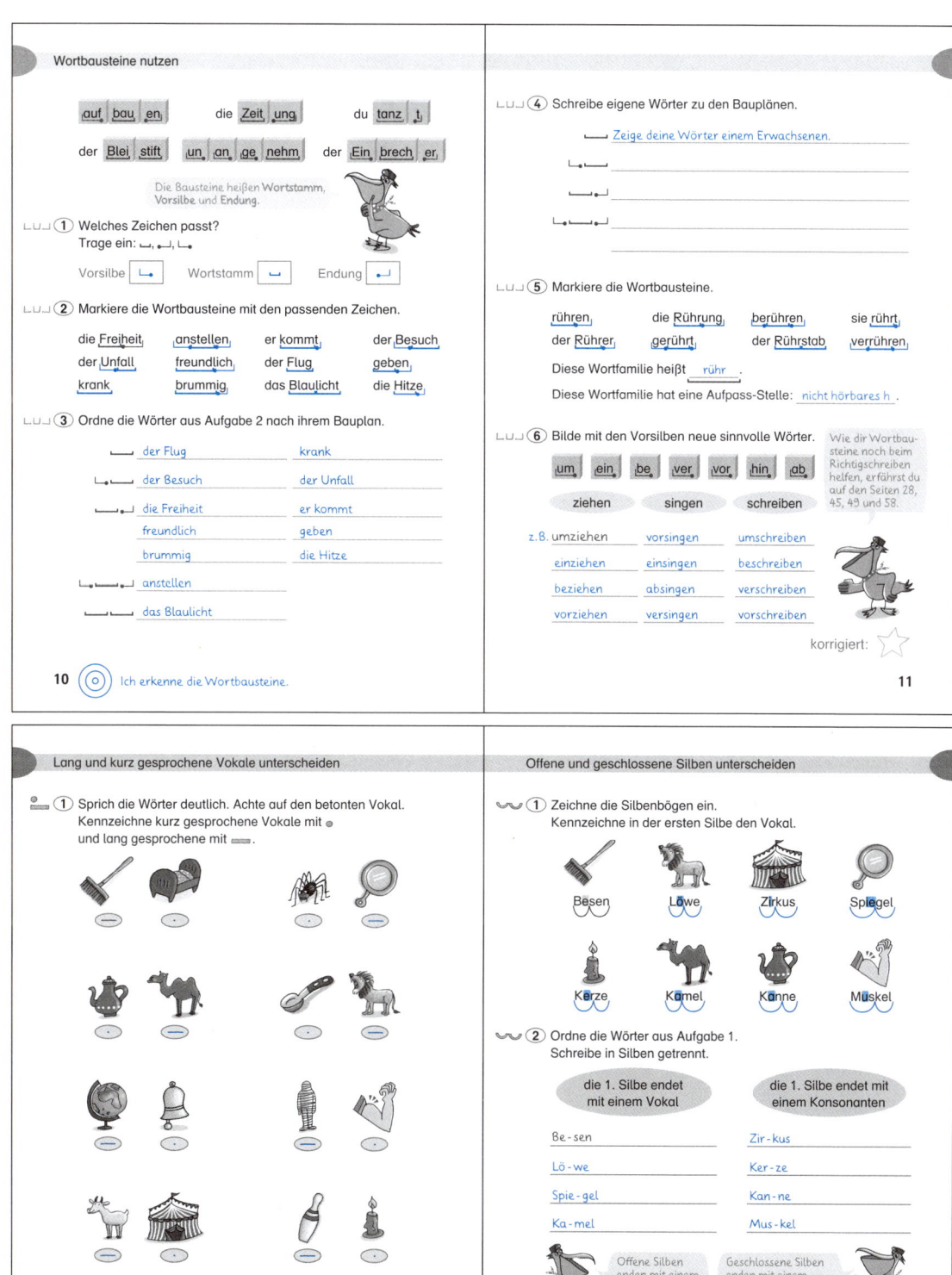

Wortbausteine nutzen

| auf | bau | en |
die | Zeit | ung |
du | tanz | t |

der | Blei | stift |
un | an | ge | nehm |
der | Ein | brech | er |

Die Bausteine heißen **Wortstamm**,
Vorsilbe und **Endung**.

1 Welches Zeichen passt?
Trage ein: ⌐⌐, ⌐•, •⌐

Vorsilbe ⌐•   Wortstamm ⌐⌐   Endung •⌐

2 Markiere die Wortbausteine mit den passenden Zeichen.

die Freiheit,   anstellen,   er kommt,   der Besuch
der Unfall   freundlich,   der Flug,   geben,
krank,   brummig,   das Blaulicht   die Hitze,

3 Ordne die Wörter aus Aufgabe 2 nach ihrem Bauplan.

⌐⌐	der Flug	krank
⌐•⌐	der Besuch	der Unfall
⌐⌐•⌐	die Freiheit	er kommt
	freundlich	geben
	brummig	die Hitze
⌐•⌐⌐	anstellen	
⌐⌐⌐	das Blaulicht	

10   (◎)   Ich erkenne die Wortbausteine.

---

4 Schreibe eigene Wörter zu den Bauplänen.

⌐   *Zeige deine Wörter einem Erwachsenen.*
⌐•⌐ _____
⌐⌐•⌐ _____
⌐•⌐⌐⌐ _____

5 Markiere die Wortbausteine.

rühren,   die Rührung,   berühren,   sie rührt,
der Rührer,   gerührt,   der Rührstab   verrühren,

Diese Wortfamilie heißt   rühr .

Diese Wortfamilie hat eine Aufpass-Stelle: nicht hörbares h .

6 Bilde mit den Vorsilben neue sinnvolle Wörter.   Wie dir Wortbau-
steine noch beim
Richtigschreiben
helfen, erfährst du
auf den Seiten 28,
45, 49 und 58.

um   ein   be   ver   vor   hin   ab

ziehen   singen   schreiben

z.B. umziehen   vorsingen   umschreiben
einziehen   einsingen   beschreiben
beziehen   absingen   verschreiben
vorziehen   versingen   vorschreiben

korrigiert: ☆

11

Lang und kurz gesprochene Vokale unterscheiden

1 Sprich die Wörter deutlich. Achte auf den betonten Vokal.
Kennzeichne kurz gesprochene Vokale mit •
und lang gesprochene mit ▬.

Wie dir lang und kurz gesprochene Vokale
beim Richtigschreiben helfen, erfährst du
auf den Seiten 14, 32 und 36.

12

Offene und geschlossene Silben unterscheiden

1 Zeichne die Silbenbögen ein.
Kennzeichne in der ersten Silbe den Vokal.

Besen   Löwe   Zirkus   Spiegel

Kerze   Kamel   Kanne   Muskel

2 Ordne die Wörter aus Aufgabe 1.
Schreibe in Silben getrennt.

die 1. Silbe endet mit einem Vokal	die 1. Silbe endet mit einem Konsonanten
Be - sen	Zir - kus
Lö - we	Ker - ze
Spie - gel	Kan - ne
Ka - mel	Mus - kel

Offene Silben
enden mit einem
Vokal: Blü - me

Geschlossene Silben
enden mit einem
Konsonanten: Gur - ke.

Wie dir offene und geschlossene
Silben beim Richtigschreiben helfen,
erfährst du auf Seite 15 und 34.

korrigiert: ☆

13

1 Sprich die Wörter deutlich.
Kennzeichne einen kurz
gesprochenen i-Laut mit ●
und einen lang gesprochenen mit ▬.
Schreibe die Wörter.

Denke daran:
Ein langer i-Laut
wird meist als ie
geschrieben.

Brief

Pilz

Fliege

Bild

Zwiebel

Knie

2 Schreibe die ie-Reimwörter.

liegen	sie	tief	Stiel

kr ie gen	d ie	sch ief	v iel
fl ie gen	n ie	er r ief	Z iel
s ie gen	w ie	ich l ief	Sp iel
b ie gen	Gen ie	sie schl ief	K iel
w ie gen	Mag ie	M ief	er f iel

3 Sprich jedes Wort in Silben. Zeichne Silbenbögen ein.

Wiege	Birne	binden	Biene	schwierig	sieben
Pinsel	Kiste	Firma	gießen	wichtig	Wiese

4 Schreibe die Wörter geordnet auf.

ie	i
Wie-ge	Bir-ne
Bie-ne	bin-den
schwie-rig	Pin-sel
sie-ben	Kis-te
gie-ßen	Fir-ma
Wie-se	wich-tig

Das ie steht
immer am
Ende einer
offenen Silbe.

5 Bilde zum Verb jeweils eine zweisilbige Form.

Max friert. – frieren   Mia spielt. – spielen

Du schiebst. – schieben   Er fliegt. – fliegen

Sie wiegt. – wiegen   Ben zielt. – zielen

korrigiert: ☆

14

15

👁 Lies den Satz.

👄 Sprich deutlich.

✏ Markiere die schwierigen Stellen.

💭 Merke dir einen Teil des Satzes.

✍ Schreibe ihn auswendig.

📋 Kontrolliere mit der Vorlage.

Meine Tipps!
So schreibe
ich richtig ab.

1 Schreibe die Sätze von Seite 64 ab.

Ich habe ein Fahrrad zum Geburtstag bekommen.

Lena und Milan sind meine besten Freunde.

Im Sommer gehen alle gerne ins Schwimmbad.

Der Wal gehört zu den Säugetieren.

2 Finde bei diesen Sätzen die Fehler.
Vergleiche und verbessere mit Seite 64.

Leonie maht eine Role auf der matte.

im Winta bauen wir zusamen einen Schnemann.

Ich bauche einen neuen Radirgummi und Spizter.

Mein Lieblingsportart ist wasserball.

16

Der Hund

Viele Menschn in Deutschland haben
einen Hund als Haustier. auch ich habe
einen Hund. Sein Name ist Wuschel.
Um einen hund muss man sich gu kümmern.
Er braucht täglich Futter und wasser.
Mehrmals am Tag muss man mit ihm spatzieren
gehen. damit ihm nicht langweilig wird, spiele ich auch
mit meinem Hund und überlege mir aufgaben für ihn.

1 Überprüfe die Satzanfänge. Sind alle groß geschrieben?
Kreise Fehler grün ein.

2 Überprüfe die Nomen. Sind alle groß geschrieben?
Kreise Fehler blau ein. Schreibe die Nomen richtig:

Hund, Wasser, Aufgaben

3 Sprich die Wörter deutlich. Fehlen Buchstaben?
Wurden Buchstaben vertauscht? Kreise Fehler rot ein.
Schreibe die Wörter richtig:

Menschen, gut, langweilig

So überprüfe
ich auch meine
eigenen Texte.

4 Schlage das Wort „spatzieren" im Wörterbuch nach.

Kreise den Fehler gelb ein.
Schreibe es hier richtig auf: spazieren

korrigiert: ☆

17

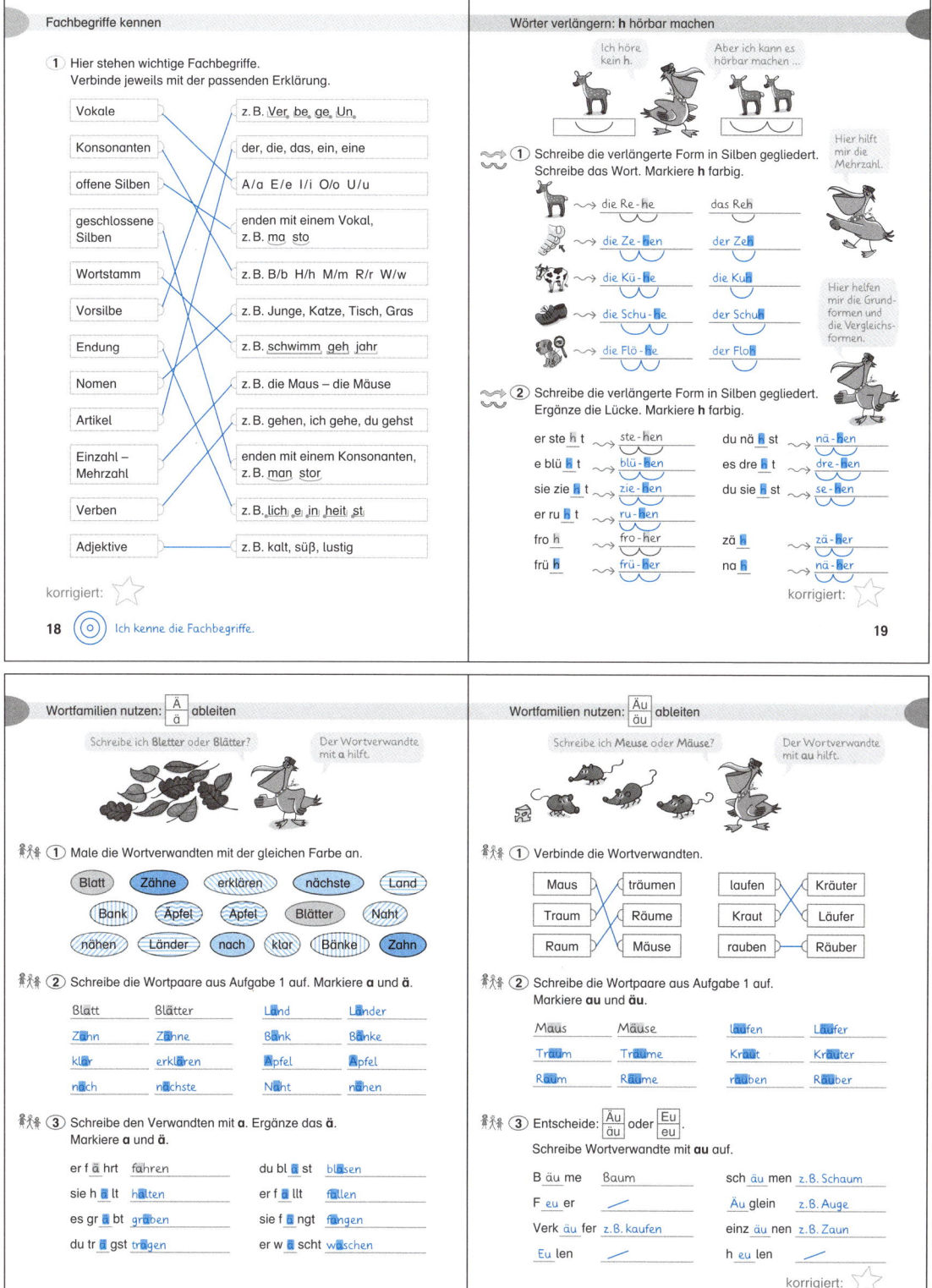

Fachbegriffe kennen

1 Hier stehen wichtige Fachbegriffe.
Verbinde jeweils mit der passenden Erklärung.

Vokale	z.B. Ver, be, ge, Un,
Konsonanten	der, die, das, ein, eine
offene Silben	A/a E/e I/i O/o U/u
geschlossene Silben	enden mit einem Vokal, z.B. ma, sto
Wortstamm	z.B. B/b H/h M/m R/r W/w
Vorsilbe	z.B. Junge, Katze, Tisch, Gras
Endung	z.B. schwimm, geh, jahr
Nomen	z.B. die Maus – die Mäuse
Artikel	z.B. gehen, ich gehe, du gehst
Einzahl – Mehrzahl	enden mit einem Konsonanten, z.B. man, stor
Verben	z.B. lich, e, in, heit, st
Adjektive	z.B. kalt, süß, lustig

korrigiert: ☆

18 (⊙) Ich kenne die Fachbegriffe.

Wörter verlängern: h hörbar machen

Ich höre kein h.
Aber ich kann es hörbar machen …

Hier hilft mir die Mehrzahl.

1 Schreibe die verlängerte Form in Silben gegliedert.
Schreibe das Wort. Markiere **h** farbig.

die Re - he	das Reh
die Ze - hen	der Zeh
die Kü - he	die Kuh
die Schu - he	der Schuh
die Flö - he	der Floh

Hier helfen mir die Grundformen und die Vergleichsformen.

2 Schreibe die verlängerte Form in Silben gegliedert.
Ergänze die Lücke. Markiere **h** farbig.

er ste h t	ste - hen	du nä h st	nä - hen
e blü h t	blü - hen	es dre h t	dre - hen
sie zie h t	zie - hen	du sie h st	se - hen
er ru h t	ru - hen		
fro h	fro - her	zä h	zä - her
frü h	frü - her	na h	na - her

korrigiert: ☆

19

Wortfamilien nutzen: Ä/ä ableiten

Schreibe ich **Bletter** oder **Blätter**?

Der Wortverwandte mit **a** hilft.

1 Male die Wortverwandten mit der gleichen Farbe an.

Blatt Zähne erklären nächste Land
Bank Äpfel Apfel Blätter Naht
nähen Länder nach klar Bänke Zahn

2 Schreibe die Wortpaare aus Aufgabe 1 auf. Markiere **a** und **ä**.

Blatt	Blätter	Land	Länder
Zahn	Zähne	Bank	Bänke
klar	erklären	Apfel	Äpfel
nach	nächste	Naht	nähen

3 Schreibe den Verwandten mit **a**. Ergänze das **ä**.
Markiere **a** und **ä**.

er f ä hrt	fahren	du bl ä st	blasen
sie h ä lt	halten	er f ä llt	fallen
es gr ä bt	graben	sie f ä ngt	fangen
du tr ä gst	tragen	er w ä scht	waschen

20

Wortfamilien nutzen: Äu/äu ableiten

Schreibe ich **Meuse** oder **Mäuse**?

Der Wortverwandte mit **au** hilft.

1 Verbinde die Wortverwandten.

Maus	träumen	laufen	Kräuter
Traum	Räume	Kraut	Läufer
Raum	Mäuse	rauben	Räuber

2 Schreibe die Wortpaare aus Aufgabe 1 auf.
Markiere **au** und **äu**.

Maus	Mäuse	laufen	Läufer
Traum	Träume	Kraut	Kräuter
Raum	Räume	rauben	Räuber

3 Entscheide: Äu/äu oder Eu/eu.
Schreibe Wortverwandte mit **au** auf.

B äu me	Baum	sch äu men	z.B. Schaum
F eu er	——	Äu glein	z.B. Auge
Verk äu fer	z.B. kaufen	einz äu nen	z.B. Zaun
Eu len	——	h eu len	——

korrigiert: ☆

(⊙) Wenn ich „oi" höre, überlege ich:
gibt es einen au-Verwandten?

21

1 Schreibe die Wörter mit verschiedenen Farben nach.

ab bis dann hin ins nicht nie ob
sehr wann wenig wieder zuletzt

2 Schreibe die Wörter aus Aufgabe 1 geordnet auf.

Wörter mit zwei Buchstaben: ab   ob

Wörter mit drei Buchstaben: bis   hin   ins   nie

Wörter mit vier Buchstaben: dann   sehr   wann

Wörter mit fünf Buchstaben: nicht   wenig

Wörter mit mehr Buchstaben: wieder   zuletzt

3 Zeichne nach jedem häufigen Wort einen Strich ein.

sehr|bis|nie|dann|zuletzt|wenig|nicht|ab|ob|wann|hin|wieder|ins

4 Markiere schwierige Stellen farbig.

nie	ab	wieder	sehr
zuletzt	dann	hin	wenig
ob	nicht	wann	bis	ins

Diese häufigen Wörter merke ich mir gut.

5 Füge in jeden Satz ein passendes Wort aus Aufgabe 1 ein.

Ben und Merve gehen i n s Kino.

Der Schaffner fragt, o b alle eine Fahrkarte haben.

Ich war noch n i e in Afrika.

W a n n beginnt das Fußballtraining?

Die Bücherei hat a b dem 4. Mai b i s zum 10. Mai geschlossen.

Und z u l e t z t würzt man alles mit Salz und Pfeffer.

Der Bus bringt uns zum Schwimmbad h i n .

Mira freut sich s e h r über ihre Geschenke.

Geht es dir heute w i e d e r gut?

6 Schreibe eigene Sätze mit Wörtern aus Aufgabe 1.

Zeige deine Sätze einem Erwachsenen.

korrigiert:

22

23

1 Sortiere die Wörter. Schreibe sie in das passende Bild. Markiere alle V/v farbig.

Vitamin	bravo	von	Vanille	Villa	Vokal
vielleicht	davor	Advent	voll	Lava	brav
Vulkan	Viertel	Verb	vom	viel	Vogel

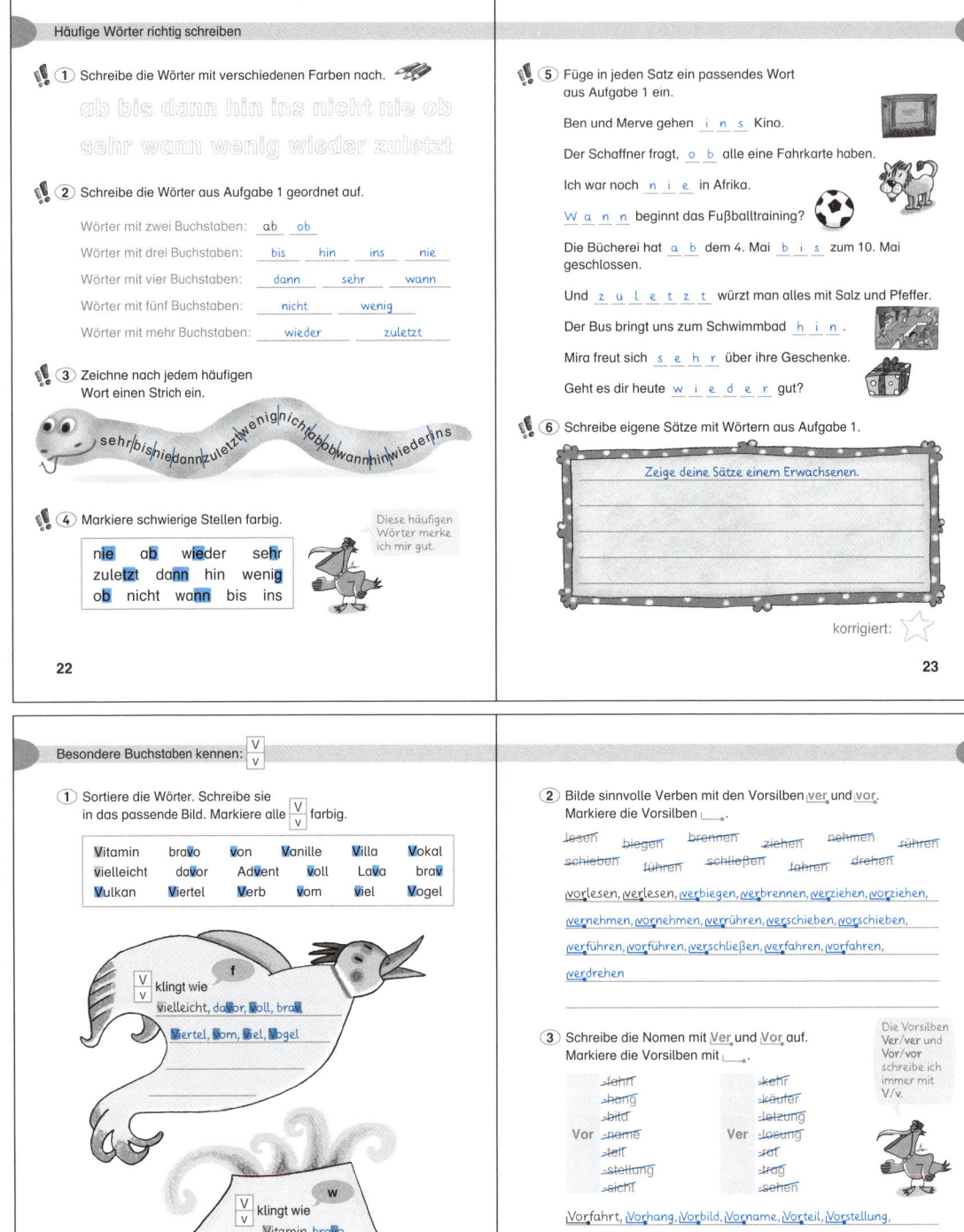

V/v klingt wie f
vielleicht, davor, voll, brav,
Viertel, vom, viel, Vogel

V/v klingt wie w
Vitamin, bravo,
Vanille, Villa, Vokal, Advent,
Lava, Vulkan, Verb

2 Bilde sinnvolle Verben mit den Vorsilben ver und vor. Markiere die Vorsilben.

lesen   biegen   brennen   ziehen   nehmen   führen
schieben   führen   schließen   fahren   drehen

vorlesen, verlesen, verbiegen, verbrennen, verziehen, vorziehen,
vernehmen, vornehmen, verrühren, verschieben, vorschieben,
verführen, vorführen, verschließen, verfahren, vorfahren,
verdrehen

3 Schreibe die Nomen mit Ver und Vor auf. Markiere die Vorsilben.

Die Vorsilben Ver/ver und Vor/vor schreibe ich immer mit V/v.

		Ver	
Vor	-fahrt		-kehr
	-hang		-käufer
	-bild		-letzung
	-name		-losung
	-teil		-rat
	-stellung		-trag
	-sicht		-sehen

Vorfahrt, Vorhang, Vorbild, Vorname, Vorteil, Vorstellung,
Vorsicht, Verkehr, Verkäufer, Verletzung, Verlosung, Verrat,
Vertrag, Versehen

korrigiert:

24

25

Nomen haben bestimmte und unbestimmte Artikel.

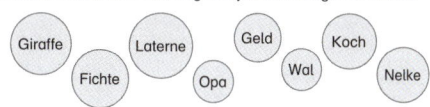

das · ein · die · eine · der

① Schreibe jeweils den bestimmten und unbestimmten Artikel auf.

die	der	das
eine **Kastanie**	ein **Block**	ein **Herz**

das	das	die
ein **Album**	ein **Beet**	eine **Qualle**

der	die	die
ein **Bäcker**	eine **Lilie**	eine **Maschine**

② Ergänze.

Nomen gibt es in **Einzahl** und **Mehrzahl**.

Einzahl	Mehrzahl
das Buch	die Bücher
die Bank	die Bänke
der Clown	die Clowns
die Hütte	die Hütten
das Heft	die Hefte
der Raum	die Räume

Hüte · Fische · Hut · Fisch

---

③ Ordne die Nomen zu und ergänze jeweils ein eigenes Nomen.

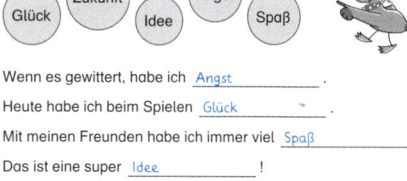

Giraffe · Laterne · Geld · Koch · Fichte · Opa · Wal · Nelke

Menschen:	Opa	Koch	
Tiere:	Giraffe	Wal	
Pflanzen:	Fichte	Nelke	
Dinge:	Laterne	Geld	

Zeige deine eigenen Wörter einem Erwachsenen.

④ Setze in jedem Satz das passende Nomen ein.

Namen für Gefühle, Ereignisse, Eigenschaften, Gedanken ... heißen **abstrakte Nomen**.

Glück · Zukunft · Idee · Angst · Spaß

Wenn es gewittert, habe ich _Angst_ .

Heute habe ich beim Spielen _Glück_ .

Mit meinen Freunden habe ich immer viel _Spaß_ .

Das ist eine super _Idee_ !

Was wünscht du dir für die _Zukunft_ ?

korrigiert:

---

① Hier haben sich 12 Nomen mit Endbausteinen versteckt. Kreise sie ein.

O	j	S	F	E	S	F	s	F	ö	g	Q	v	S	B
E	ö	Ö	r	i	r	r	l	r	E	i	n	s	c	o
c	q	R	ö	g	D	e	S	e	L	r	B	A	h	t
k	d	u	h	e	N	i	B	c	i	C	o	E	w	s
u	G	H	l	n	N	h	m	h	t	B	s	I	i	c
T	T	W	i	s	r	e	H	h	c	Ä	h	m	e	h
k	p	E	c	c	y	i	Z	e	R	F	e	p	r	a
j	e	t	h	h	H	t	X	i	Q	z	i	f	i	f
Z	S	g	k	a	w	J	E	t	V	V	t	u	g	t
Y	h	g	e	f	n	X	s	Ü	C	d	I	n	k	A
T	b	q	i	t	b	H	e	i	z	u	n	g	e	r
Z	a	s	t	N	b	u	g	w	ä	K	e	ö	i	F
S	a	m	m	l	u	n	g	s	r	C	Z	v	t	Q
y	V	G	e	m	ü	t	l	i	c	h	k	e	i	t
m	u	N	W	i	s	s	e	n	s	c	h	a	f	t

② Schreibe die Nomen mit Artikel geordnet auf.

ung, die Impfung, die Heizung, die Sammlung

heit, die Freiheit, die Frechheit, die Bosheit

keit, die Fröhlichkeit, die Schwierigkeit, die Gemütlichkeit

schaft, die Eigenschaft, die Botschaft, die Wissenschaft

---

③ Verwandle diese Wörter in Nomen. Schreibe geordnet auf.

~~heiter~~ ~~krank~~ ~~biegen~~ ~~ehrlich~~ ~~neu~~ ~~dumm~~ ~~Freund~~ ~~erholen~~ ~~ähnlich~~ ~~Land~~ ~~verschmutzen~~ ~~Mann~~

biegen		die Biegung
erholen	**ung,**	die Erholung
verschmutzen		die Verschmutzung

krank		die Krankheit
neu	**heit,**	die Neuheit
dumm		die Dummheit

heiter		die Heiterkeit
ehrlich	**keit,**	die Ehrlichkeit
ähnlich		die Ähnlichkeit

Freund		die Freundschaft
Land	**schaft,**	die Landschaft
Mann		die Mannschaft

Mit den Endbausteinen **-ung, -heit, -keit** und **-schaft** kann ich Nomen bilden.

korrigiert:

Nomen zusammensetzen

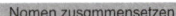 +  =

der Schnee   der Mann   der Schneemann

> Schneemann ist ein zusammengesetztes Nomen.

1 Verbinde jeweils zwei Wörter zu einem zusammengesetzten Nomen. Schreibe mit Artikel auf.

der Tee	die Schmerzen	die Halsschmerzen
die Kuh	der Stall	der Kuhstall
das Blei	die Ferien	die Sommerferien
der Hals	der Zaun	der Gartenzaun
der Regen	der Löffel	der Teelöffel
der Sommer	der Stift	der Bleistift
der Garten	der Schirm	der Regenschirm
die Haselnuss	das Eis	das Haselnusseis

2 Kreuze richtig an.

Der Artikel eines zusammengesetzten Nomens wird durch …

☐ … das erste Wort bestimmt.

☒ … das zweite Wort bestimmt.

30

---

3 Trage bei diesen zusammengesetzten Nomen den fehlenden Buchstaben ein.

> Manche zusammengesetzte Nomen brauchen ein **Fugen-s**.

der Advent_s_ kranz   die Hochzeit_s_ torte

die Sonntag_s_ zeitung   das Frühstück_s_ ei

die Frieden_s_ pfeife   das Liebling_s_ essen

das Geburt_s_ tag_s_ geschenk

4 In diesen zusammengesetzten Nomen steckt ein Verb. Schreibe zusammengesetzt und getrennt auf.

das Lesebuch   die Bohrmaschine   die Schwimmflügel

lesen + das Buch   bohren + die Maschine   schwimmen + die Flügel

das Hörgerät   die Gießkanne   der Liegestuhl

hören + das Gerät   gießen + die Kanne   liegen + der Stuhl

5 Finde zu jedem Adjektiv ein zusammengesetztes Nomen.

groß: die Großstadt   hoch: z.B. das Hochhaus

bunt: z.B. der Buntstift   kühl: z.B. der Kühlschrank

klein: z.B. die Kleinstadt   faul: z.B. das Faultier

Zeige deine Nomen einem Erwachsenen.   korrigiert: ☆

31

Wörter mit Doppelkonsonanten richtig schreiben 1

1 Markiere in den Wörtern den betonten Vokal.

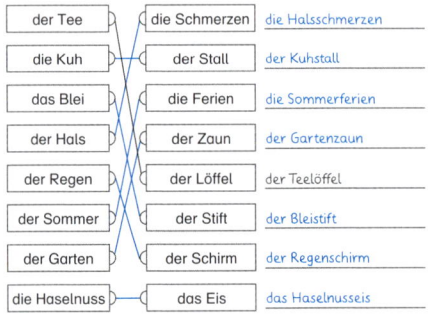

die Blume
die Sonne
das Kissen
der Pulli
der Schal
denken
lesen

schlafen   die Puppe   die Bälle   die Murmeln

2 Kennzeichne in Aufgabe 1 lang gesprochene Vokale oder Umlaute mit ▬, kurz gesprochene mit ●.

3 Schreibe die Wörter von Aufgabe 1 geordnet auf. Markiere Doppelkonsonanten farbig.

●	▬
der Pulli, die Bälle, die Sonne, die Murmeln, das Kissen, denken, die Puppe	die Blume, der Schal, lesen, schlafen

32

---

4 Was fällt dir auf? Kreuze an.

☒ Nach einem lang gesprochenen Vokal folgt nur ein Konsonant.

☒ Nach einem kurz gesprochenen Vokal folgen zwei Konsonanten.

☐ Nach einem kurz gesprochenen Vokal folgen immer zwei verschiedene Konsonanten.

☒ Nach einem kurz gesprochenen Vokal folgen zwei verschiedene oder zwei gleiche Konsonanten.

5 Schreibe das verwandte Verb oder Nomen auf. Kennzeichne den betonten Vokal mit ▬ oder ●. Markiere Doppelkonsonanten.

der Kamm – kämmen   bitten – die Bitte

der Bagger – baggern   küssen – der Kuss

der Jogger – joggen   beginnen – der Beginn

der Gewinn – gewinnen   füttern – das Futter

der Fall – fallen   wetten – die Wette

6 Schreibe die Verben von Aufgabe 5 in der **du**- und **er**-Form. Markiere den Doppelkonsonanten.

du kämmst – er kämmt, du baggerst – er baggert,

du joggst – er joggt, du gewinnst – er gewinnt, du fällst – er fällt

korrigiert: ☆

33

1 Zeichne die Silbenbögen in die Wörter ein.

die Tanne   der Vogel
die Sonne
fliegen
die Bäume
grasen   schütteln
die Rehe   der Schatten
die Nadeln   sammeln
die Zweige
die Pilze   die Nüsse

2 Schreibe die Wörter von Aufgabe 1 getrennt auf.
Zeichne die Silbenbögen ein.

1. Silbe geschlossen	1. Silbe offen
die Tan - ne	flie - gen
die Son - ne	der Vo - gel
schüt - teln	die Bäu - me
der Schat - ten	gra - sen
sam - meln	die Re - he
die Pil - ze	die Na - deln
die Nüs - se	die Zwei - ge

3 Was fällt dir bei Aufgabe 2 auf? Kreuze an.

☒ Bei Wörtern mit Doppelkonsonanten
gehört zu jeder Silbe ein Vokal.

☒ Man hört den Doppelkonsonanten beim Trennen
in Schreibsilben.

☐ Am Ende der 1. und am Anfang der 2. Silbe
müssen zwei verschiedene Konsonanten stehen.

☒ Am Ende der 1. und am Anfang der 2. Silbe
können zwei gleiche Konsonanten stehen.

4 Zeichne die Silbenbögen ein. Markiere den Doppelkonsonanten
und schreibe die Wörter getrennt auf.

Betten   essen   Pizza   kommen

Blätter   müssen   fallen   zusammen

Bet-ten, es-sen, Piz-za, kom-men, Bät-ter, müs-sen, fal-len,

zu-sam-men

5 Verlängere die Nomen. Markiere den Doppelkonsonanten
und zeichne Silbenbögen ein.

Nuss	Blatt	Mann	Fell	Schiff

Nuss – Nüsse, Blatt – Blätter, Mann – Männer, Fell – Felle,

Schiff – Schiffe

korrigiert: ☆

34

35

---

1 Sprich die Wörter. Kennzeichne den Laut
vor **ck** oder **k** mit ● oder ▬.

Vor dem ck
steht immer ein
kurzer Vokal.

blicken	zurück	Küken	wackeln	Päckchen
Krokodil	quieken	dick	spuken	Schaukel

2 Ordne die Wörter aus Aufgabe 1. Markiere **ck** farbig.

▬   ●

Küken	blicken
Krokodil	zurück
quieken	wackeln
spuken	Päckchen
Schaukel	dick

ck bleibt
beim Trennen
zusammen.

3 Trenne die Wörter mit **ck** von Aufgabe 1.

bli-cken	zu-rück	wa-ckeln
Päck-chen	dick	

4 Schreibe die Nomen mit Artikel.

der Wecker   der Haken   der Rock

◎ Ich weiß, wann ich ck oder k schreiben muss.

---

1 Trage die Wörter in die Tabelle ein.

schützen	Pelz	Hitze	kratzen	Kerze
Schatz	schmelzen	Wurzel	Holz	putzen

tz	z
schützen	Pelz
Hitze	Kerze
kratzen	schmelzen
Schatz	Wurzel
putzen	Holz

2 Markiere in Aufgabe 1 den Buchstaben vor **tz** und **z**.
Was fällt dir auf?

Vor dem **tz** steht immer ein Vokal   .

Vor dem **z** steht immer ein Konsonant   .

3 Schreibe die Nomen mit Artikel.

die Pfütze   die Katze   der Pilz

korrigiert: ☆

37

1 Sprich die Wörter. Markiere **ß**.

Füße	fließen	beißen	Schoß	reißen
weiß	fleißig	Spaß	Gruß	saßen
dreißig	Grüße	gießen	reißt	außen	fraßen
beißt	draußen	Maß	Fuß	heiß	Floß

2 Finde die Reimpaare aus Aufgabe 1. Markiere **ß**.

Füße – Grüße, fließen – gießen, beißen – reißen, heiß – weiß,

draußen – außen, Fuß – Gruß, saßen – fraßen, Maß – Spaß,

beißt – reißt, dreißig – fleißig, Schoß – Floß

3 Kennzeichne in Aufgabe 2 die Vokale, Umlaute
oder Doppellaute mit ● oder ▬.

4 Was fällt dir auf? Kreuze an.

Wörter mit ß muss
ich mir merken!

☐ Der Laut vor **ß** klingt kurz.

☒ Der Laut vor **ß** klingt lang.

5 Markiere und schreibe.

Markiere ß. Schreibe das Wort.	Fülle die Lücke. Schreibe das Wort.	Ergänze die Silbe. Schreibe das Wort.
grüßen	gr_üß_en	grü-ßen
heißen	h_eiß_en	hei-ßen
Größe	Gr_öß_e	Grö-ße
beißen	b_eiß_en	bei-ßen
Straße	Str_aß_e	Stra-ßen
gießen	g_ieß_en	gie-ßen

6 Was fällt dir auf? Kreuze an.

☒ Die 1. Silbe ist offen.

☐ Die 1. Silbe ist geschlossen.

☒ ß steht am Anfang der 2. Silbe.

korrigiert: ☆

1 Sprich die Wörter.

Am Ende
d oder t?

2 Verlängere die Wörter. Schreibe und markiere **d** oder **t**.

	〰 🏃🏃 〰	Also schreibe ich …
	die Wäl-der	der Wald
	die Säf-te	der Saft
	die Hän-de	die Hand
	die Klei-der	das Kleid
	die Pfer-de	das Pferd
	die Hef-te	das Heft
	die Bro-te	das Brot
	die Gel-der	das Geld
	die Hun-de	der Hund
	die Mon-de	der Mond
	die Zel-te	das Zelt
	die Rä-der	das Rad
	die Hü-te	der Hut

3 Entscheide ob **d** oder **t**.

das Kin_d_
die Kinder

das Fel_d_
die Felder

der Gur_t_
die Gurte

das Zel_t_
die Zelte

das Lan_d_
die Länder

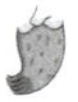

der Bar_t_
die Bärte

4 Verbinde die Wortverwandten und ergänze den fehlenden
Buchstaben. Schreibe die Verwandten nebeneinander auf.

die Räder	das Ban_d_	der Fremde	der San_d_

sandig	frem_d_	das Ra_d_	die Strände

blon_d_	der Stran_d_	die Bänder	die Blondine

die Räder – das Rad, die Bänder – das Band,

der Fremde – fremd, sandig – der Sand, die Strände – der Strand,

die Blondine – blond

korrigiert: ☆

① Sprich die Wörter.

Am Ende
g oder k?

② Verlängere die Wörter. Schreibe und markiere **g** oder **k**.

〜〜 👫 〜〜	Also schreibe ich …
die Ber - ge	der Berg
die Bän - ke	die Bank
die Zwer - ge	der Zwerg
die Fa - bri - ken	die Fabrik
die Schrän - ke	der Schrank
die We - ge	der Weg
die Bur - gen	die Burg

③ Schreibe die Grundform.
👫 Ergänze den fehlenden Buchstaben.

 er fe g t
fe - gen

 er flie g t
flie - gen

 es sin k t
sin - ken

 sie sin g t
sin - gen

 sie par k t
par - ken

 er na g t
na - gen

korrigiert: ☆

42

---

① Sprich die Wörter.

Am Ende
b oder p?

② Verlängere die Wörter. Schreibe und markiere **b** oder **p**.

〜〜 👫 〜〜	Also schreibe ich …
die Sie - be	das Sieb
die Grä - ber	das Grab
die Käl - ber	das Kalb
die Die - be	der Dieb
die Kör - be	der Korb
die Mi - kro - sko - pe	das Mikroskop
die Zau - ber - stä - be	der Zauberstab

③ Schreibe die Grundform.
👫 Ergänze den fehlenden Buchstaben.

er lie b t
lie - ben

sie kle b t
kle - ben

es hu p t
hu - pen

er sie b t
sie - ben

er schie b t
schie - ben

er gi b t
ge - ben

korrigiert: ☆

43

---

① Schreibe das passende Verb zum Bild.

Verben sagen
uns, was
jemand tut.

lachen   schieben   schenken

schlafen   tragen   sitzen

② Unterstreiche die Verben.

Anton spielt gerne Fußball. Er steht im Tor. Sein
Trainer lobt ihn oft, weil er die Bälle sicher fängt.
Jede Woche trainiert Anton sehr fleißig. Er rennt
schnell über den Platz und schwitzt im Training.

③ Schreibe die Verben aus dem Text von Aufgabe 2
mit ihrer Grundform.

spielt – spielen, steht – stehen, lobt – loben, fängt – fangen,

fängt – fangen, trainiert – trainieren, rennt – rennen,

schwitzt – schwitzen

44

⌐⌐① Vergleiche die Wortpaare.
Kennzeichne den Wortstamm mit ⌐.

In der Grundform enden
die Verben mit -en,
selten mit -eln oder -ern.

backen – ich backe   gehen – ich gehe
denken – ich denke   schreiben – ich schreibe
liegen – ich liege   lassen – ich lasse
basteln – ich bastle   jubeln – ich juble
füttern – ich füttere   klettern – ich klettere

⌐⌐② Schreibe die Verben in der richtigen Form.
Kennzeichne die Endbausteine mit ⌐.

gehen⌐	lassen⌐	liegen⌐
ich gehe⌐	ich lasse⌐	ich liege⌐
du gehst⌐	du lässt⌐	du liegst⌐
er geht⌐	er lässt⌐	er liegt⌐

schreiben⌐	füttern⌐	basteln⌐
ich schreibe⌐	ich füttere⌐	ich bastle⌐
du schreibst⌐	du fütterst⌐	du bastelst⌐
er schreibt⌐	er füttert⌐	er bastelt⌐

Hier ändert sich
der Endbaustein.

korrigiert: ☆

45

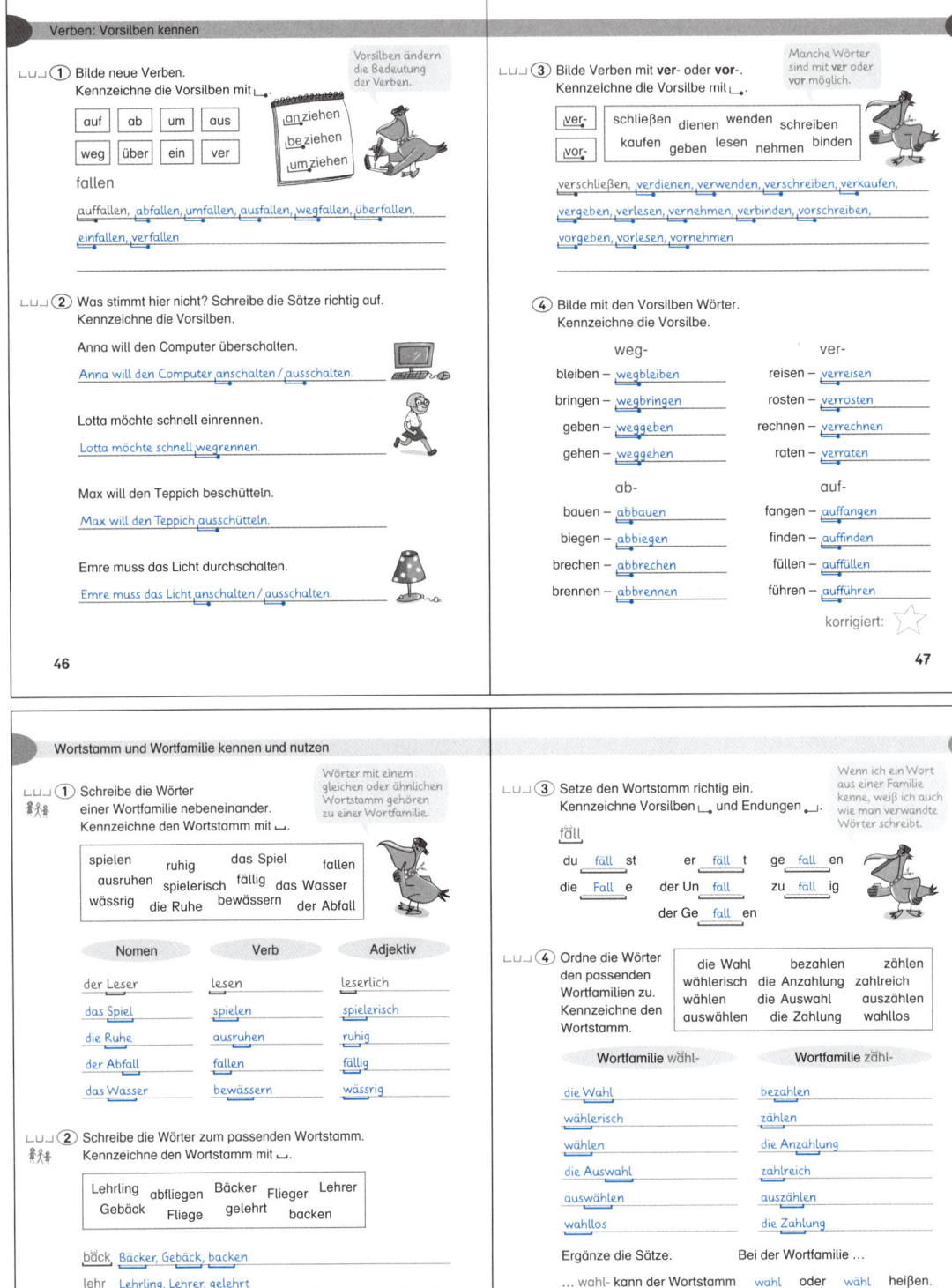

Verben: Vorsilben kennen

1 Bilde neue Verben.
Kennzeichne die Vorsilben mit ⌐.

> Vorsilben ändern die Bedeutung der Verben.

auf	ab	um	aus
weg	über	ein	ver

anziehen
beziehen
umziehen

fallen

auffallen, abfallen, umfallen, ausfallen, wegfallen, überfallen,

einfallen, verfallen

2 Was stimmt hier nicht? Schreibe die Sätze richtig auf.
Kennzeichne die Vorsilben.

Anna will den Computer überschalten.

Anna will den Computer anschalten / ausschalten.

Lotta möchte schnell einrennen.

Lotta möchte schnell wegrennen.

Max will den Teppich beschütteln.

Max will den Teppich ausschütteln.

Emre muss das Licht durchschalten.

Emre muss das Licht anschalten / ausschalten.

46

3 Bilde Verben mit **ver**- oder **vor**-.
Kennzeichne die Vorsilbe mit ⌐.

> Manche Wörter sind mit ver oder vor möglich.

ver-   schließen dienen wenden schreiben
vor-   kaufen geben lesen nehmen binden

verschließen, verdienen, verwenden, verschreiben, verkaufen,

vergeben, verlesen, vernehmen, verbinden, vorschreiben,

vorgeben, vorlesen, vornehmen

4 Bilde mit den Vorsilben Wörter.
Kennzeichne die Vorsilbe.

weg-		ver-	
bleiben –	wegbleiben	reisen –	verreisen
bringen –	wegbringen	rosten –	verrosten
geben –	weggeben	rechnen –	verrechnen
gehen –	weggehen	raten –	verraten
ab-		**auf-**	
bauen –	abbauen	fangen –	auffangen
biegen –	abbiegen	finden –	auffinden
brechen –	abbrechen	füllen –	auffüllen
brennen –	abbrennen	führen –	aufführen

korrigiert: ☆

47

Wortstamm und Wortfamilie kennen und nutzen

1 Schreibe die Wörter
einer Wortfamilie nebeneinander.
Kennzeichne den Wortstamm mit ⌐.

> Wörter mit einem gleichen oder ähnlichen Wortstamm gehören zu einer Wortfamilie.

spielen	ruhig	das Spiel	fallen
ausruhen	spielerisch	fällig	das Wasser
wässrig	die Ruhe	bewässern	der Abfall

Nomen	Verb	Adjektiv
der Leser	lesen	leserlich
das Spiel	spielen	spielerisch
die Ruhe	ausruhen	ruhig
der Abfall	fallen	fällig
das Wasser	bewässern	wässrig

2 Schreibe die Wörter zum passenden Wortstamm.
Kennzeichne den Wortstamm mit ⌐.

Lehrling	abfliegen	Bäcker	Flieger	Lehrer
Gebäck	Fliege	gelehrt	backen	

bäck, Bäcker, Gebäck, backen

lehr, Lehrling, Lehrer, gelehrt

flieg, abfliegen, Flieger, Fliege

48

3 Setze den Wortstamm richtig ein.
Kennzeichne Vorsilben ⌐ und Endungen ⌐.

> Wenn ich ein Wort aus einer Familie kenne, weiß ich auch wie man verwandte Wörter schreibt.

fäll

du fäll st   er fäll t   ge fall en

die Fall e   der Un fall   zu fäll ig

der Ge fall en

4 Ordne die Wörter
den passenden
Wortfamilien zu.
Kennzeichne den
Wortstamm.

die Wahl	bezahlen	zählen
wählerisch	die Anzahlung	zahlreich
wählen	die Auswahl	auszählen
auswählen	die Zahlung	wahllos

Wortfamilie **wähl**-	Wortfamilie **zähl**-
die Wahl	bezahlen
wählerisch	zählen
wählen	die Anzahlung
die Auswahl	zahlreich
auswählen	auszählen
wahllos	die Zahlung

Ergänze die Sätze.   Bei der Wortfamilie …

… wahl- kann der Wortstamm   wahl   oder   wähl   heißen.

… zahl- kann der Wortstamm   zahl   oder   zähl   heißen.

korrigiert: ☆

Ⓞ Ich erkenne Wortfamilien.

49

Texte abschreiben und kontrollieren

- 👁 Lies den Text.
- 👄 Sprich deutlich.
- ✏ Gliedere den Text in Abschnitte.
- 💭 Merke dir einen Abschnitt.
- ✏ Schreibe ihn auswendig.
- 🔍 Kontrolliere mit der Vorlage.

Mein Tipp!
So schreibe
ich richtig ab.

① Lies den Text auf Seite 64. Decke immer einen Abschnitt zu und schreibe ihn auswendig hier auf.

Heute machen wir einen Ausflug. Wir gehen zur Feuerwehr.

Im Unterricht haben wir gelernt, welche Stoffe gut brennen und

welche nicht. Feuer stellt manchmal auch eine große Gefahr dar.

Die Feuerwehrleute erklären uns, wie ein Feuer gelöscht wird.

② Kontrolliere mit der Vorlage.

Fehler finden und berichtigen

① Schlage die Wörter im Wörterbuch nach. Schreibe sie zweimal richtig auf. Markiere die schwierigen Stellen.

Diese Wörter haben schwierige Stellen!

			Tipp
aufreumen	aufräumen	aufräumen	🏃
Weker	Wecker	Wecker	━/•
Somer	Sommer	Sommer	〰
wilt	wild	wild	➰
ferlieben	verlieben	verlieben	❗
Welder	Wälder	Wälder	👫
braf	brav	brav	❗
Strase	Straße	Straße	❗ / ━/•
zeitung	Zeitung	Zeitung	❗
Schue	Schuhe	Schuhe	〰 / ❗ / 〰

② Welcher Tipp hilft? Ergänze in Aufgabe 1.

👄 deutlich sprechen   〰 Silben   ➰ verlängern

👂 genau hören   👫 Wortfamilien   ❗ merken

━/• langer/kurzer Vokal   ⊔⊔ Wortbausteine

korrigiert: ☆

Wörter nach Schreibsilben trennen

① Sprich die Wörter in Silben. Zeichne die Silbenbögen ein.

lachen	glücklich	Wecker	Maschine
Sommerkleid	Märchen	Haare	Vogel
Stückchen	draußen	Menschen	Katze
sitzen	heizen	tausend	Flügel

② Schreibe die Wörter von Aufgabe 1 getrennt auf.

Jede Schreibsilbe beginnt mit einem Konsonanten.

la-chen, glück-lich, We-cker, Ma-schi-ne, Som-mer-kleid,

Mär-chen, Haa-re, Vo-gel, Stück-chen, drau-ßen, Men-schen

Kat-ze, sit-zen, hei-zen, tau-send, Flü-gel

③ Trenne diese Wörter wie am Zeilenende.

Beim Schreiben darf kein Buchstabe alleine stehen!

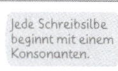 Ameise — Amei-se

Elefant — Ele-fant

Esel — Esel

Oma — Oma

Igelbaby — Igel-ba-by

👄 Ameise
✏ Amei-se

korrigiert: ☆

Besondere Buchstaben kennen: ai und ä ohne Ableitung

① Schreibe die Wörter mit **ai** unter die Bilder. Markiere ai.

Laib Brot   Hai   Kaiser

Mais   Saite

Diese Wörter muss ich mir merken!

② Schreibe die Wörter mit **ä** unter die Bilder. Markiere ä.

Käse   Käfer   schräg

Käfig   Träne   Säge

③ Bilde zusammengesetzte Nomen. Schreibe.

KÄSE   VOGEL   FREUDEN   MAIS   HAI
FLOSSE   FELD   KUCHEN   KÄFIG   TRÄNE

Käsebrot, Käsekuchen, Vogelkäfig, Freudenträne,

Maisfeld, Haiflosse, Freudentränen

korrigiert: ☆

1 Setze richtig ein: aa ee oo

Wörter mit aa, ee oder oo muss ich mir merken!

T _ee_   Z _oo_

W _aa_ ge   H _aa_ re

M _oo_ s   Kl _ee_

F _ee_   P _aa_ r

B _oo_ t   Schn _ee_

2 Ordne die Wörter aus Aufgabe 1. Markiere aa ee oo .

aa _Waage, Haare, Paar_

ee _Tee, Klee, Fee, Schnee_

oo _Zoo, Moos, Boot_

3 Schreibe drei Sätze mit Wörtern aus Aufgabe 1.

Zeige deine Sätze einem Erwachsenen.

54

4 Schreibe passende Wörter in die Bilder.

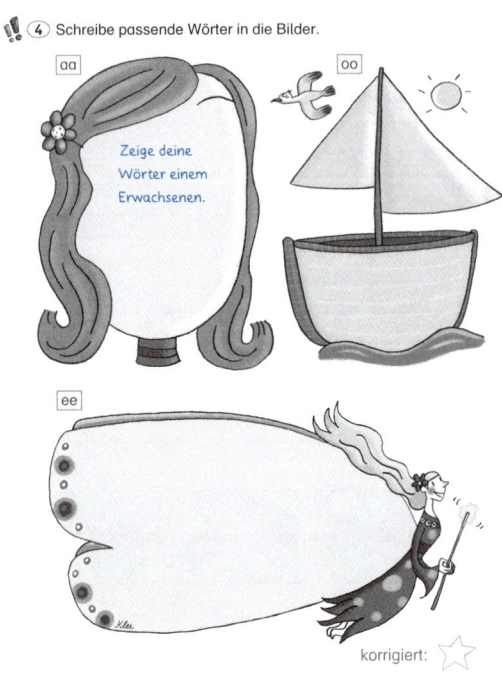

aa — oo — ee

Zeige deine Wörter einem Erwachsenen.

Klee

korrigiert: ☆

55

---

1 Schreibe die passenden Adjektive zu den Bildern.

| alt | jung | heiß | kalt | lang | kurz |

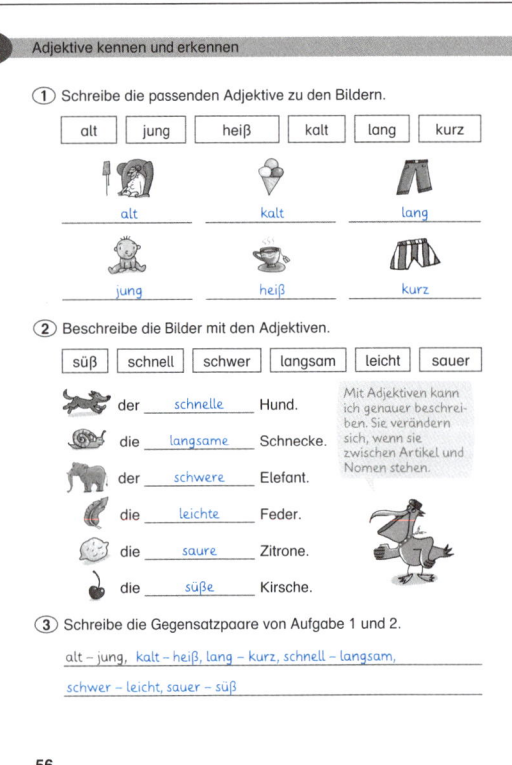

alt   _kalt_   _lang_

jung   _heiß_   _kurz_

2 Beschreibe die Bilder mit den Adjektiven.

| süß | schnell | schwer | langsam | leicht | sauer |

der _schnelle_ Hund.

Mit Adjektiven kann ich genauer beschreiben. Sie verändern sich, wenn sie zwischen Artikel und Nomen stehen.

die _langsame_ Schnecke.

der _schwere_ Elefant.

die _leichte_ Feder.

die _saure_ Zitrone.

die _süße_ Kirsche.

3 Schreibe die Gegensatzpaare von Aufgabe 1 und 2.

alt – jung, kalt – heiß, lang – kurz, schnell – langsam,
schwer – leicht, sauer – süß

56

1 Unterstreiche die Adjektive in den Sätzen.

Mit Adjektiven kann ich vergleichen!

Die Suppe ist heiß. Das Feuer ist heißer. Lava ist am heißesten.

Der Gorilla ist schwer. Der Elefant ist schwerer. Der Blauwal ist am schwersten.

Der Fluss ist tief. Der See ist tiefer. Das Meer ist am tiefsten.

schön, schöner, am schönsten

2 Schreibe die Adjektive von Aufgabe 1 nach der Endung geordnet auf. Kennzeichne mit ⌣ .

heiß   heißer⌣   am heißesten⌣

schwer   schwerer⌣   schwersten⌣

tief   tiefer⌣   tiefsten⌣

3 Vergleiche mit Adjektiven.

| reicher als | härter als | leiser als | schwerer als |

Eine Nuss ist _härter als_ ein Brot.

Eine Glocke ist _leiser als_ ein Donner.

Der Koffer ist _schwerer als_ die Tasche.

Der Kaiser ist _reicher als_ der Bettler.

korrigiert: ☆

57

1 Ordne die Wörter.

schattig	schrecklich	ängstlich	durstig
hungrig	niedlich	friedlich	giftig

ig

schattig
durstig
hungrig
giftig

lich

schrecklich
ängstlich
niedlich
friedlich

2 Setze Adjektive von Aufgabe 1 passend ein.

ein _____giftiger_____ Pilz

ein _____friedliches_____ Fest

ein _____schattiger_____ Platz

Adjektive sagen, wie etwas ist.

ein _durstiger / hungriger_ Wanderer

ein _hungriges / niedliches / friedliches_ Baby

ein _____schrecklicher_____ Traum

ein _friedliches / ängstliches / niedliches_ Kind

ein _hungriger / schrecklicher_ Wolf

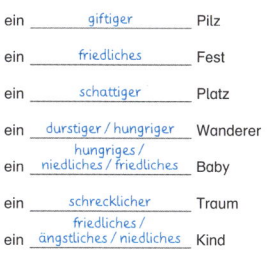

58

---

3 Kennzeichne die Endbausteine mit ⌣.
Schreibe die Adjektive und die passenden Nomen auf.

schattig	schattig	der Schatten
ängstlich	ängstlich	die Angst
hungrig	hungrig	der Hunger
friedlich	friedlich	der Frieden
schrecklich	schrecklich	der Schrecken
durstig	durstig	der Durst
giftig	giftig	das Gift
pünktlich	pünktlich	der Punkt

4 Bilde aus den Nomen und den Wortbausteinen **ig** und **lich** Adjektive.

Mit den Endbausteinen **ig** und **lich** kann ich neue Adjektive bilden.

der Schmutz – schmutzig   das Glück – glücklich

die Sonne – sonnig   der Sport – sportlich

die Ruhe – ruhig   die Natur – natürlich

der Stein – steinig   der Herbst – herbstlich

der Fleiß – fleißig   die Sache – sachlich

korrigiert: ☆

 Ich kann Adjektive erkennen.

59

---

1 Markiere und schreibe.

Markiere **h**. Schreibe das Wort.	Fülle die Lücke. Schreibe das Wort.	Ergänze die Silbe. Schreibe das Wort.
zä**h**len	z _äh_ len	_zäh_ -len
Hö**h**le	H _öh_ le	_Höh_ -le
fa**h**ren	f _ah_ ren	_fah_ -ren
Mü**h**le	M _üh_ le	_Müh_ -le
Bo**h**rer	B _oh_ rer	_Boh_ -rer
Ke**h**le	K _eh_ le	_Keh_ -le

2 Was fällt dir auf? Kreuze an.

☒ Der Laut vor **h** klingt lang.

☐ Der Laut vor **h** klingt kurz.

☒ Man kann dieses **h** nicht hören.

60

---

3 Trage die Wörter von Aufgabe 1 geordnet ein.
Finde weitere Wörter.

ah   **äh**

zählen, fahren

eh

Kehle

uh   **üh**

Mühle

oh   **öh**

Höhle, Bohrer

korrigiert: ☆

61

Wörter mit **ks**-Laut richtig schreiben

Der ks-Laut kann auf vier verschiedene Arten geschrieben werden. Ich muss mir die Wörter merken.

 Taxi

links

Klecks

Fuchs

1 Ergänze:

Bei **Taxi** schreibe ich den ks-Laut mit ___x___ .

Bei **links** schreibe ich den ks-Laut mit ___ks___ .

Bei **Fuchs** schreibe ich den ks-Laut mit ___chs___ .

Bei **Klecks** schreibe ich den ks-Laut mit ___cks___ .

2 Lies die Wörter und markiere farbig.
Schreibe die Wörter in die zweite Spalte ab.
Schreibe die Wörter auswendig in die dritte Spalte.

Diese Wörter mit X/x merke ich mir!

	abschreiben	auswendig schreiben
das Ta**x**i	das Taxi	das Taxi
der Te**x**t	der Text	der Text
das **X**ylofon	das Xylophon	das Xylophon
der Mi**x**er	der Mixer	der Mixer
mi**x**en	mixen	mixen
die A**x**t	die Axt	die Axt
die He**x**e	die Hexe	die Hexe
das Le**x**ikon	das Lexikon	das Lexikon
bo**x**en	boxen	boxen

Fremdwörter richtig schreiben

1 Lies die Wörter und markiere schwierige Stellen.

Wörter aus fremden Sprachen muss ich mir merken.

Handy   Playstation   Surfbrett   Toast

Laptop   Computer   Skateboard   Pizza

Chips   E-Mail   Ketchup   Restaurant

Internet   Inline-Skates   Mountainbike

2 Ordne die Wörter aus Aufgabe 1.

Wörter aus der Technik	Wörter rund ums Essen
Handy, Playstation,	Toast, Pizza, Chips,
Laptop, Computer, E-Mail,	Ketchup, Restaurant
Internet	

Wörter aus Sport und Spiel

Surfbrett, Skateboard,

Inline-Skates, Mountainbike, Playstation

korrigiert: ☆

Zum Abschreiben und Fehler finden

Sätze zum Abschreiben (zu Seite 16, Aufgabe 1)

Ich habe ein Fahrrad zum Geburtstag bekommen.
Lena und Milan sind meine besten Freunde.
Im Sommer gehen alle gerne ins Schwimmbad.
Der Wal gehört zu den Säugetieren.

Sätze „Fehler finden" (zu Seite 16, Aufgabe 2)

Leonie macht eine Rolle auf der Matte.
Im Winter bauen wir zusammen einen Schneemann.
Ich brauche einen neuen Radiergummi und Spitzer.
Meine Lieblingssportart ist Wasserball.

Text zum Abschreiben (zu Seite 50)

Heute machen wir einen Ausflug. Wir gehen
zur Feuerwehr. Im Unterricht haben wir gelernt,
welche Stoffe gut brennen und welche nicht.
Feuer stellt manchmal auch eine große Gefahr
dar. Die Feuerwehrleute erklären uns, wie ein
Feuer gelöscht wird.

Ich lese mir die Texte immer laut vor.

4 Was fällt dir auf? Kreuze an.

☐ Nach einem lang gesprochenen Vokal folgt nur ein Konsonant.

☐ Nach einem kurz gesprochenen Vokal folgen zwei Konsonanten.

☐ Nach einem kurz gesprochenen Vokal folgen immer zwei verschiedene Konsonanten.

☐ Nach einem kurz gesprochenen Vokal folgen zwei verschiedene oder zwei gleiche Konsonanten.

5 Schreibe das verwandte Verb oder Nomen auf. Kennzeichne den betonten Vokal mit ▬ oder ○. Markiere Doppelkonsonanten.

der Kamm – kämmen

der Bagger – _____

der Jogger – _____

der Gewinn – _____

der Fall – _____

bitten – die Bitte

küssen – _____

beginnen – _____

füttern – _____

wetten – _____

6 Schreibe die Verben von Aufgabe 5 in der **du**- und **er**-Form. Markiere den Doppelkonsonanten.

du kämmst – er kämmt,

_____

_____

_____

korrigiert: ☆

33

1 Zeichne die Silbenbögen in die Wörter ein.

die Tanne   der Vogel

die Sonne

fliegen

die Bäume

schütteln

grasen

die Rehe

die Nadeln   der Schatten   sammeln

die Zweige

die Pilze   die Nüsse

2 Schreibe die Wörter von Aufgabe 1 getrennt auf.
Zeichne die Silbenbögen ein.

1. Silbe geschlossen	1. Silbe offen
die Tan-ne	flie-gen

3 Was fällt dir bei Aufgabe 2 auf? Kreuze an.

☐ Bei Wörtern mit Doppelkonsonanten
gehört zu jeder Silbe ein Vokal.

☐ Man hört den Doppelkonsonanten beim Trennen
in Schreibsilben.

☐ Am Ende der 1. und am Anfang der 2. Silbe
müssen zwei verschiedene Konsonanten stehen.

☐ Am Ende der 1. und am Anfang der 2. Silbe
können zwei gleiche Konsonanten stehen.

4 Zeichne die Silbenbögen ein. Markiere den Doppelkonsonanten
und schreibe die Wörter getrennt auf.

Betten	essen	Pizza	kommen

Blätter	müssen	fallen	zusammen

Bet-ten,

5 Verlängere die Nomen. Markiere den Doppelkonsonanten
und zeichne Silbenbögen ein.

Nuss	Blatt	Mann	Fell	Schiff

Nuss – Nüsse,

korrigiert: ☆

Wörter mit ck richtig schreiben

1 Sprich die Wörter. Kennzeichne den Laut vor **ck** oder **k** mit ● oder ▬.

> Vor dem ck steht immer ein kurzer Vokal.

| blicken | zurück | Küken | wackeln | Päckchen |
| Krokodil | quieken | dick | spuken | Schaukel |

2 Ordne die Wörter aus Aufgabe 1. Markiere **ck** farbig.

▬   ●

_____   _____

_____   _____

_____   _____

_____   _____

_____   _____

> ck bleibt beim Trennen zusammen.

3 Trenne die Wörter mit **ck** von Aufgabe 1.

bli-cken   _____   _____

_____   _____

4 Schreibe die Nomen mit Artikel.

_____   _____   _____

1 Trage die Wörter in die Tabelle ein.

schützen	Pelz	Hitze	kratzen	Kerze
Schatz	schmelzen	Wurzel	Holz	putzen

tz   z

_____   _____

_____   _____

_____   _____

_____   _____

_____   _____

2 Markiere in Aufgabe 1 den Buchstaben vor **tz** und **z**.
Was fällt dir auf?

Vor dem **tz** steht immer ein _____ .

Vor dem **z** steht immer ein _____ .

3 Schreibe die Nomen mit Artikel.

_____   _____   _____

korrigiert:

37

1 Sprich die Wörter. Markiere ß.

F̶ü̶ß̶e̶	fließen	beißen	Schoß	reißen
weiß	fleißig	Spaß	Gruß	saßen
dreißig	G̶r̶ü̶ß̶e̶	gießen	reißt	außen	fraßen
beißt	draußen	Maß	Fuß	heiß	Floß

2 Finde die Reimpaare aus Aufgabe 1. Markiere ß.

Füße – Grüße,

_____

_____

_____

_____

3 Kennzeichne in Aufgabe 2 die Vokale, Umlaute
oder Doppellaute mit  oder ▬ .

4 Was fällt dir auf? Kreuze an.

Wörter mit ß muss
ich mir merken!

☐ Der Laut vor ß klingt kurz.

☐ Der Laut vor ß klingt lang.

5 Markiere und schreibe.

Markiere ß. Schreibe das Wort.	Fülle die Lücke. Schreibe das Wort.	Ergänze die Silbe. Schreibe das Wort.
grüßen	gr____en	grü-_____
heißen	h____en	hei-_____
Größe	Gr____e	Grö-_____
beißen	b____en	bei-_____
Straße	Str____e	Stra-_____
gießen	g____en	gie-_____

6 Was fällt dir auf? Kreuze an.

☐ Die 1. Silbe ist offen.

☐ Die 1. Silbe ist geschlossen.

☐ ß steht am Anfang der 2. Silbe.

korrigiert:

1 Sprich die Wörter.

Am Ende
d oder t?

2 Verlängere die Wörter. Schreibe und markiere **d** oder **t**.

	Also schreibe ich …
die Wäl-**d**er	der Wal**d**
die Säf-**t**e	der

Entscheide ob **d** oder **t**.

das Kin d

die Kinder

das Fel__

der Gur__

_____

das Zel__

_____

das Lan__

_____

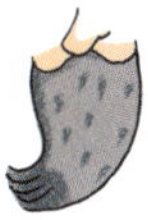

der Bar__

_____

4 Verbinde die Wortverwandten und ergänze den fehlenden Buchstaben. Schreibe die Verwandten nebeneinander auf.

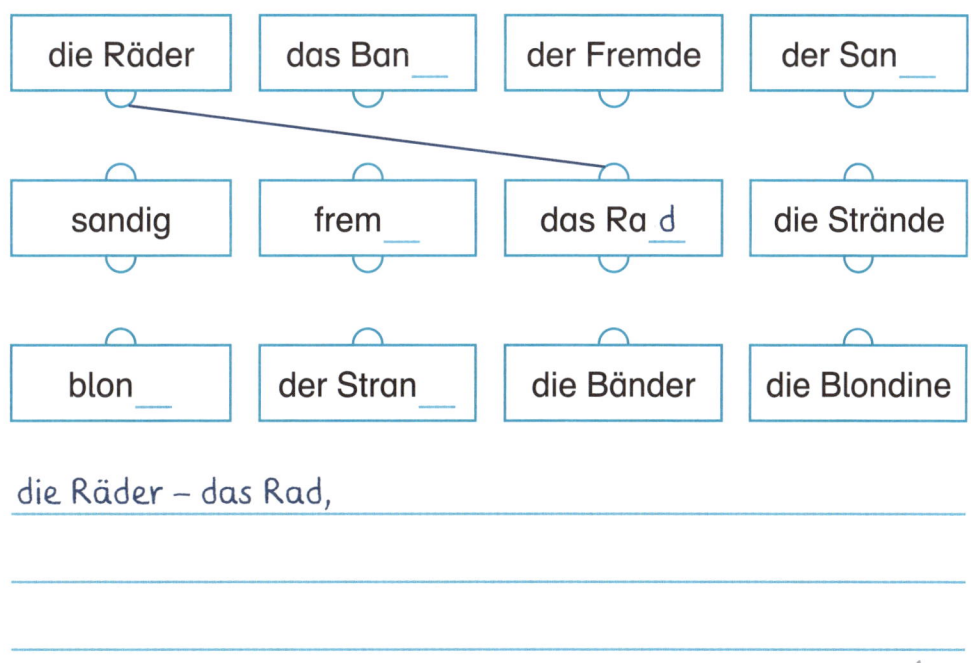

| die Räder | das Ban__ | der Fremde | der San__ |

| sandig | frem__ | das Ra d | die Strände |

| blon__ | der Stran__ | die Bänder | die Blondine |

die Räder – das Rad,

_____

_____

korrigiert: ☆

1 Sprich die Wörter.

Am Ende
g oder k?

2 Verlängere die Wörter. Schreibe und markiere **g** oder **k**.

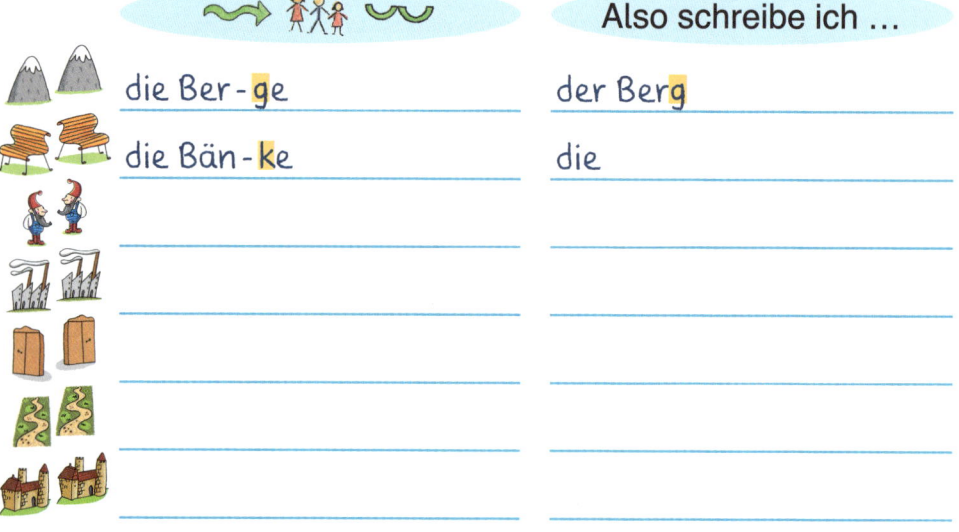

	Also schreibe ich …
die Ber-**ge**	der Ber**g**
die Bän-**ke**	die

3 Schreibe die Grundform.
Ergänze den fehlenden Buchstaben.

er fe **g** t
fe-gen

er flie __ t
_____

es sin __ t
_____

sie sin __ t
_____

sie par __ t
_____

er na __ t
_____

korrigiert: ☆

1 Sprich die Wörter.

Am Ende
b oder p?

2 Verlängere die Wörter. Schreibe und markiere **b** oder **p**.

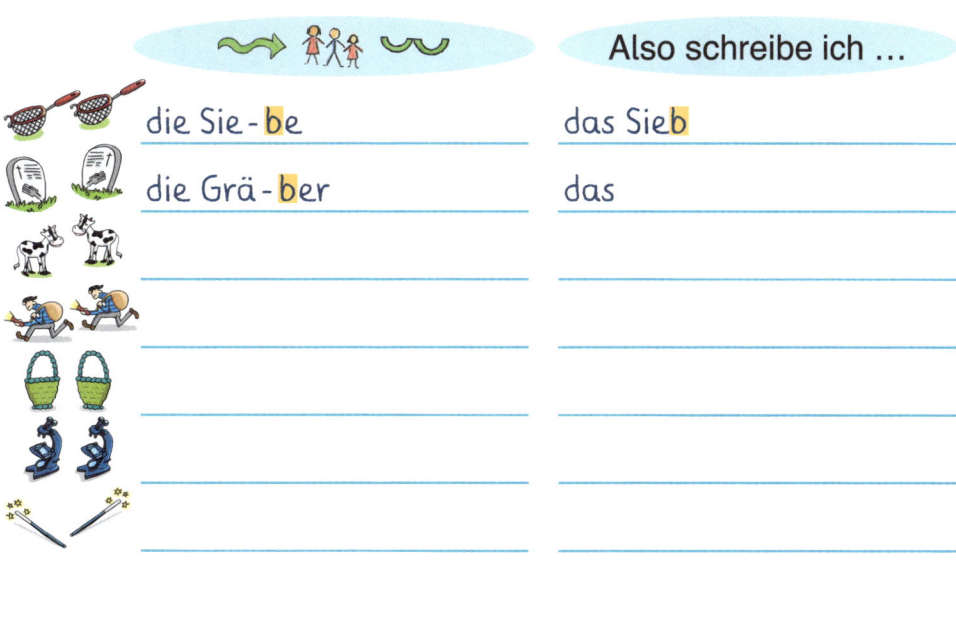

👫〜	Also schreibe ich …
die Sie‑be	das Sieb
die Grä‑ber	das

3 Schreibe die Grundform.
Ergänze den fehlenden Buchstaben.

er lie b t   sie kle __ t   es hu __ t

lie‑ben   _____   _____

er sie __ t   er schie __ t   er gi __ t

_____   _____   _____

korrigiert: ☆

1 Schreibe das passende Verb zum Bild.

Verben sagen uns, was jemand tut.

lachen _____ _____

_____ _____ _____

2 Unterstreiche die Verben.

Anton <u>spielt</u> gerne Fußball. Er steht im Tor. Sein Trainer lobt ihn oft, weil er die Bälle sicher fängt. Jede Woche trainiert Anton sehr fleißig. Er rennt schnell über den Platz und schwitzt im Training.

3 Schreibe die Verben aus dem Text von Aufgabe 2 mit ihrer Grundform.

spielt – spielen, _____

_____

_____

_____

1 Vergleiche die Wortpaare.
Kennzeichne den Wortstamm mit ⌣.

In der Grundform enden die Verben mit **-en**, selten mit **-eln** oder **-ern**.

backen – ich backe   gehen – ich gehe

denken – ich denke   schreiben – ich schreibe

liegen – ich liege   lassen – ich lasse

basteln – ich bastle   jubeln – ich juble

füttern – ich füttere   klettern – ich klettere

2 Schreibe die Verben in der richtigen Form.
Kennzeichne die Endbausteine mit ⌣.

gehen   lassen   liegen

ich gehe   ich _____   ich _____

du gehst   du _____   du _____

er geht   er _____   er _____

schreiben   füttern   basteln

ich _____   ich _____   ich _____

du _____   du _____   du _____

er _____   er _____   er _____

Hier ändert sich der Endbaustein.

korrigiert:

⌐⊔⌐ ① Bilde neue Verben.
Kennzeichne die Vorsilben mit ⌐•.

> Vorsilben ändern die Bedeutung der Verben.

auf	ab	um	aus
weg	über	ein	ver

an ziehen

be ziehen

um ziehen

fallen

auffallen, _____

_____

_____

⌐⊔⌐ ② Was stimmt hier nicht? Schreibe die Sätze richtig auf.
Kennzeichne die Vorsilben.

Anna will den Computer überschalten.

_____

Lotta möchte schnell einrennen.

_____

Max will den Teppich beschütteln.

_____

Emre muss das Licht durchschalten.

_____

3 Bilde Verben mit **ver-** oder **vor-**.
Kennzeichne die Vorsilbe mit ⌐•.

Manche Wörter sind mit **ver** oder **vor** möglich.

ver-	schließen dienen wenden schreiben
vor-	kaufen geben lesen nehmen binden

verschließen,

_____

_____

_____

4 Bilde mit den Vorsilben Wörter.
Kennzeichne die Vorsilbe.

weg-		ver-	
bleiben –	_____	reisen –	_____
bringen –	_____	rosten –	_____
geben –	_____	rechnen –	_____
gehen –	_____	raten –	_____

ab-		auf-	
bauen –	_____	fangen –	_____
biegen –	_____	finden –	_____
brechen –	_____	füllen –	_____
brennen –	_____	führen –	_____

korrigiert: ☆

Wortstamm und Wortfamilie kennen und nutzen

1 Schreibe die Wörter
einer Wortfamilie nebeneinander.
Kennzeichne den Wortstamm mit ⌴.

> Wörter mit einem
> gleichen oder ähnlichen
> Wortstamm gehören
> zu einer Wortfamilie.

> spielen   ruhig   das Spiel   fallen
> ausruhen   spielerisch   fällig   das Wasser
> wässrig   die Ruhe   bewässern   der Abfall

Nomen	Verb	Adjektiv
der Leser	lesen	leserlich

2 Schreibe die Wörter zum passenden Wortstamm.
Kennzeichne den Wortstamm mit ⌴.

> Lehrling   abfliegen   Bäcker   Flieger   Lehrer
> Gebäck   Fliege   gelehrt   backen

bäck _____

lehr _____

flieg _____

Setze den Wortstamm richtig ein.
Kennzeichne Vorsilben ⊔. und Endungen .⊐.

Wenn ich ein Wort aus einer Familie kenne, weiß ich auch wie man verwandte Wörter schreibt.

fäll

du ____ st   er ____ t   ge ____ en

die ____ e   der Un ____   zu ____ ig

der Ge ____ en

⊔⊐ ④ Ordne die Wörter den passenden Wortfamilien zu. Kennzeichne den Wortstamm.

die Wahl	bezahlen	zählen
wählerisch	die Anzahlung	zahlreich
wählen	die Auswahl	auszählen
auswählen	die Zahlung	wahllos

Wortfamilie wähl-   Wortfamilie zähl-

_____   _____

_____   _____

_____   _____

_____   _____

_____   _____

_____   _____

Ergänze die Sätze.   Bei der Wortfamilie …

… wahl- kann der Wortstamm _____ oder _____ heißen.

… zahl- kann der Wortstamm _____ oder _____ heißen.

korrigiert: ☆

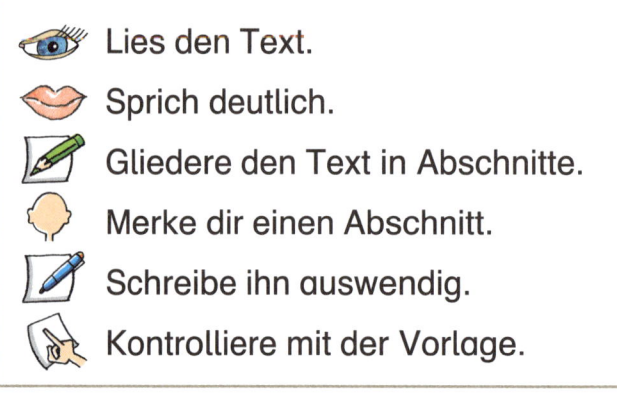 Lies den Text.

Sprich deutlich.

Gliedere den Text in Abschnitte.

Merke dir einen Abschnitt.

Schreibe ihn auswendig.

Kontrolliere mit der Vorlage.

Mein Tipp! So schreibe ich richtig ab.

1 Lies den Text auf Seite 64. Decke immer einen Abschnitt zu und schreibe ihn auswendig hier auf.

_____

_____

_____

_____

_____

_____

_____

2 Kontrolliere mit der Vorlage.

1 Schlage die Wörter
im Wörterbuch nach.
Schreibe sie zweimal richtig auf.
Markiere die schwierigen Stellen.

Diese Wörter haben schwierige Stellen!

Tipp

aufreumen	aufr**äu**men	aufr**äu**men	👫👧
Weker			
Somer			
wilt			
ferlieben			
Welder			
braf			
Strase			
zeitung			
Schue			

2 Welcher Tipp hilft? Ergänze in Aufgabe 1.

👄 deutlich sprechen	‿‿ Silben	⤳ verlängern
👂 genau hören	👫👧 Wortfamilien	‼ merken
▬ / ● langer / kurzer Vokal	⌐⊔¬ Wortbausteine	

korrigiert:

51

1 Sprich die Wörter in Silben. Zeichne die Silbenbögen ein.

lachen	glücklich	Wecker	Maschine
Sommerkleid	Märchen	Haare	Vogel
Stückchen	draußen	Menschen	Katze
sitzen	heizen	tausend	Flügel

2 Schreibe die Wörter von Aufgabe 1 getrennt auf.

Jede Schreibsilbe beginnt mit einem Konsonanten.

la - chen,

_____

_____

_____

3 Trenne diese Wörter wie am Zeilenende.

Beim Schreiben darf kein Buchstabe alleine stehen!

 Ameise _____

 Elefant _____

 Esel _____

 Oma _____

 Igelbaby _____

Ameise
Amei - se

korrigiert: ☆

1 Schreibe die Wörter mit **ai** unter die Bilder.
Markiere **ai**.

Laib Brot _____ _____ _____

Diese Wörter muss ich mir merken!

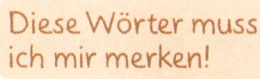

_____ _____

 2 Schreibe die Wörter mit **ä** unter die Bilder.
Markiere **ä**.

_____ _____

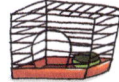 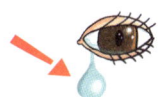 

_____ _____ _____

3 Bilde zusammengesetzte Nomen. Schreibe.

KÄSE   VOGEL   FREUDEN   MAIS   HAI
   FLOSSE   FELD   KUCHEN   KÄFIG   TRÄNE

_____

_____

_____

korrigiert:

53

1 Setze richtig ein: aa ee oo

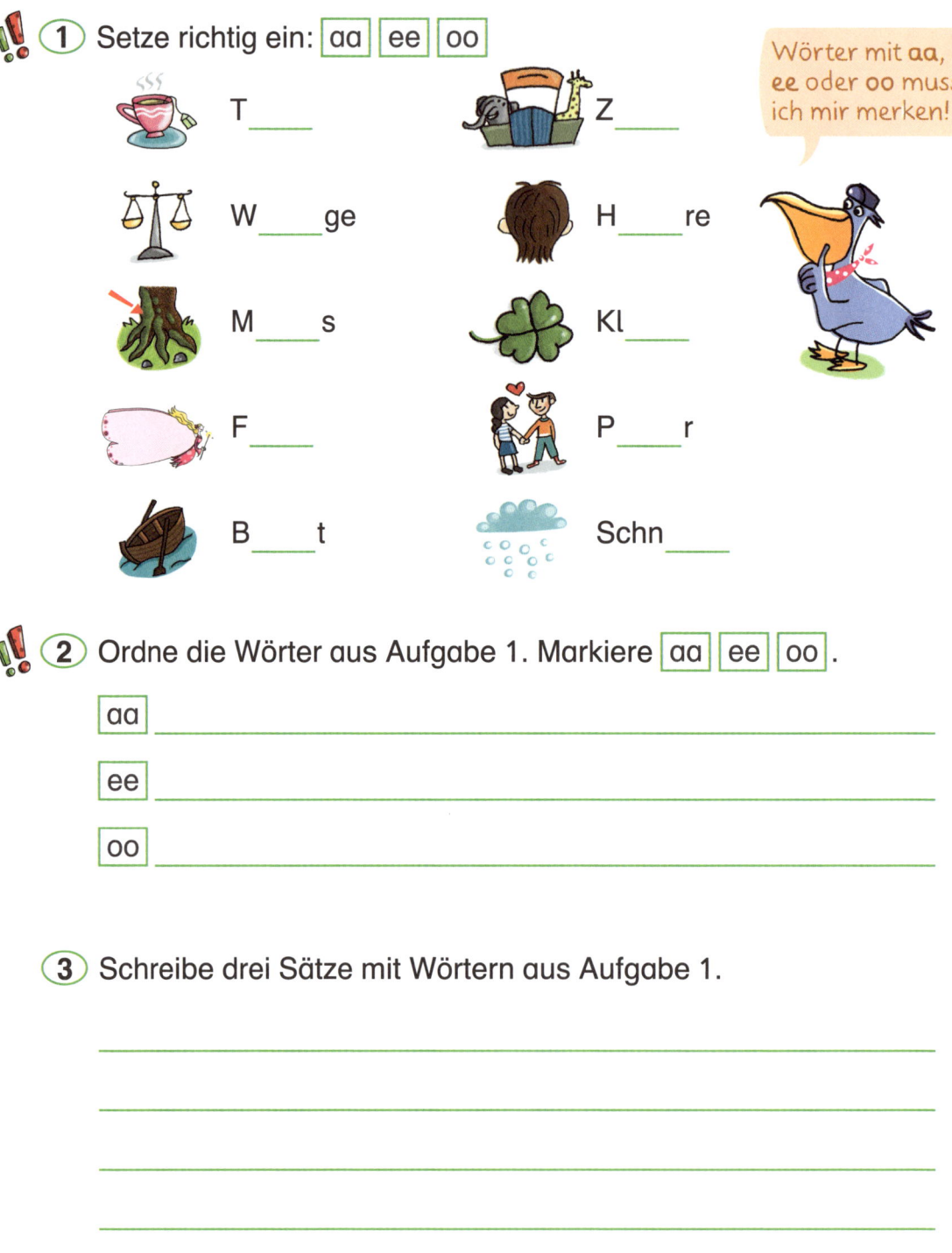

Wörter mit **aa**, **ee** oder **oo** muss ich mir merken!

T_____

Z_____

W_____ge

H_____re

M_____s

Kl_____

F_____

P_____r

B_____t

Schn_____

2 Ordne die Wörter aus Aufgabe 1. Markiere aa ee oo .

aa _____

ee _____

oo _____

3 Schreibe drei Sätze mit Wörtern aus Aufgabe 1.

_____

_____

_____

_____

(4) Schreibe passende Wörter in die Bilder.

aa

oo

ee

Klee

korrigiert: ☆

1 Schreibe die passenden Adjektive zu den Bildern.

alt	jung	heiß	kalt	lang	kurz

_____ _____ _____

_____ _____ _____

2 Beschreibe die Bilder mit den Adjektiven.

süß	schnell	schwer	langsam	leicht	sauer

der _____ Hund.

die _____ Schnecke.

der _____ Elefant.

die _____ Feder.

die _____ Zitrone.

die _____ Kirsche.

> Mit Adjektiven kann ich genauer beschreiben. Sie verändern sich, wenn sie zwischen Artikel und Nomen stehen.

3 Schreibe die Gegensatzpaare von Aufgabe 1 und 2.

alt – jung, _____

_____

1 Unterstreiche die Adjektive in den Sätzen.

Mit Adjektiven kann ich vergleichen!

 Die Suppe ist heiß. Das Feuer ist heißer. Lava ist am heißesten.

 Der Gorilla ist schwer. Der Elefant ist schwerer. Der Blauwal ist am schwersten.

 Der Fluss ist tief. Der See ist tiefer. Das Meer ist am tiefsten.

schön, schöner, am schönsten

2 Schreibe die Adjektive von Aufgabe 1 nach der Endung geordnet auf. Kennzeichne mit ⌐.

heiß _____ heißer, _____ am heißesten, _____

_____ _____ _____

_____ _____ _____

3 Vergleiche mit Adjektiven.

| reicher als | härter als | leiser als | schwerer als |

 Eine Nuss ist _____ ein Brot.

 Eine Glocke ist _____ ein Donner.

 Der Koffer ist _____ die Tasche.

 Der Kaiser ist _____ der Bettler.

korrigiert:

└ ┘ ① Ordne die Wörter.

| schattig | schrecklich | ängstlich | durstig |
| hungrig | niedlich | friedlich | giftig |

ig

lich

_____   _____

_____   _____

_____   _____

_____   _____

② Setze Adjektive von Aufgabe 1 passend ein.

ein _____ Pilz

ein _____ Fest

ein _____ Platz

ein _____ Wanderer

ein _____ Baby

ein _____ Traum

ein _____ Kind

ein _____ Wolf

Adjektive
sagen, wie
etwas ist.

3 Kennzeichne die Endbausteine mit ⌣.
Schreibe die Adjektive und die passenden Nomen auf.

schattig   schattig   der Schatten

ängstlich   _____   _____

hungrig   _____   _____

friedlich   _____   _____

schrecklich   _____   _____

durstig   _____   _____

giftig   _____   _____

pünktlich   _____   _____

4 Bilde aus den Nomen und den Wortbausteinen **ig** und **lich** Adjektive.

Mit den Endbausteinen ig und lich kann ich neue Adjektive bilden.

der Schmutz – _____   das Glück – _____

die Sonne – _____   der Sport – _____

die Ruhe – _____   die Natur – _____

der Stein – _____   der Herbst – _____

der Fleiß – _____   die Sache – _____

korrigiert: ☆

59

1 Markiere und schreibe.

Markiere **h**. Schreibe das Wort.	Fülle die Lücke. Schreibe das Wort.	Ergänze die Silbe. Schreibe das Wort.
zählen	z____len	_____-len
Höhle	H____le	_____-le
fahren	f____ren	_____-ren
Mühle	M____le	_____-le
Bohrer	B____rer	_____-rer
Kehle	K____le	_____-le

2 Was fällt dir auf? Kreuze an.

☐ Der Laut vor **h** klingt lang.

☐ Der Laut vor **h** klingt kurz.

☐ Man kann dieses **h** nicht hören.

3 Trage die Wörter von Aufgabe 1 geordnet ein.
Finde weitere Wörter.

ah   äh

eh

uh   üh

oh   öh

korrigiert: ☆

Wörter mit **ks**-Laut richtig schreiben

Der ks-Laut kann auf vier verschiedene Arten geschrieben werden. Ich muss mir die Wörter merken.

Taxi

links

Klecks

Fuchs

 1 Ergänze:

Bei **Taxi** schreibe ich den ks-Laut mit _____.

Bei **links** schreibe ich den ks-Laut mit _____.

Bei **Fuchs** schreibe ich den ks-Laut mit _____.

Bei **Klecks** schreibe ich den ks-Laut mit _____.

 2 Lies die Wörter und markiere farbig.
Schreibe die Wörter in die zweite Spalte ab.
Schreibe die Wörter auswendig in die dritte Spalte.

Diese Wörter mit X/x merke ich mir!

	abschreiben	auswendig schreiben
das Taxi		
der Text		
das Xylofon		
der Mixer		
mixen		
die Axt		
die Hexe		
das Lexikon		
boxen		

1 Lies die Wörter und markiere schwierige Stellen.

> Wörter aus fremden Sprachen muss ich mir merken.

Handy   Playstation   Surfbrett   Toast

Laptop   Computer   Skateboard   Pizza

Chips   E-Mail   Ketchup   Restaurant

Internet   Inline-Skates   Mountainbike

2 Ordne die Wörter aus Aufgabe 1.

Wörter aus der Technik

Wörter rund ums Essen

_____   _____

_____   _____

_____   _____

_____   _____

_____   _____

Wörter aus Sport und Spiel

_____

_____

_____

_____

_____

korrigiert: ☆

Sätze zum Abschreiben (zu Seite 16, Aufgabe 1)

Ich habe ein Fahrrad zum Geburtstag bekommen.
Lena und Milan sind meine besten Freunde.
Im Sommer gehen alle gerne ins Schwimmbad.
Der Wal gehört zu den Säugetieren.

Sätze „Fehler finden" (zu Seite 16, Aufgabe 2)

Leonie macht eine Rolle auf der Matte.
Im Winter bauen wir zusammen einen Schneemann.
Ich brauche einen neuen Radiergummi und Spitzer.
Meine Lieblingssportart ist Wasserball.

Text zum Abschreiben (zu Seite 50)

Heute machen wir einen Ausflug. Wir gehen
zur Feuerwehr. Im Unterricht haben wir gelernt,
welche Stoffe gut brennen und welche nicht.
Feuer stellt manchmal auch eine große Gefahr
dar. Die Feuerwehrleute erklären uns, wie ein
Feuer gelöscht wird.

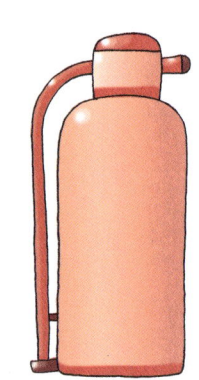

Ich lese mir die Texte immer laut vor.